诗意语文
系列丛书

诗意语文

经典篇目文本解读 1

总主编 董一菲
本书主编 刘雨霞

西苑出版社
XIYUAN PUBLISHING HOUSE

图书在版编目（CIP）数据
诗意语文．经典篇目文本解读．①／董一菲主编．-- 北京：西苑出版社，2018.7
ISBN 978-7-5151-0687-8
Ⅰ．①诗… Ⅱ．①董… Ⅲ．①中学语文课—课堂教学—教学研究 Ⅳ．①G633.302

中国版本图书馆 CIP 数据核字（2018）第 123997 号

诗意语文：经典篇目文本解读 ①

SHIYI YUWEN JINGDIAN PIANMU WENBEN JIEDU ①

出品人 赵 晖
责任编辑 康志刚 汪昊宇
责任印制 陈爱华
责任校对 刘 娟
书装设计 徐慧芳
出版发行 西苑出版社
通讯地址 北京市朝阳区和平街 11 区 37 号楼 邮政编码 100013
电 话 010-88636419 传 真 010-84281520
E-mail xiyuanpub@163.com
印 刷 北京文昌阁彩色印刷有限责任公司
经 销 全国新华书店
开 本 841 × 1189 毫米 1/32
字 数 143 千字
印 张 9
版 次 2018 年 7 月第 1 版
印 次 2018 年 7 月第 1 次印刷
书 号 ISBN 978-7-5151-0687-8
定 价 49.00 元

序

汉语是诗性的，语文原本诗意，诗意是语文的自然属性。孩子的年华与心灵也是一首诗。教育超越功利直指灵魂，是诗意的事业，文学与艺术甚至课堂到达某种境界都会闪烁诗的光芒。所以，诗意语文是情怀，是境界，是语文教育的宏大而又精微的属性。诗意的人生是一种追求。作为一位教师，要以诗意为天，以理性为壤，通过诗意的语文教学实践，让学生在诗意的语文学习中，达成诗意的成长，进而学会诗意地生活，为诗意人生奠基。

诗意语文的课堂是诗意氤氲的圣殿，是优雅美丽的合集。它顺乎文理，顺乎自然，顺乎纯真。听从一切生命的召唤，倾听人性人情的声响，洋溢着文学气、书卷气和强烈的文化认同感、归属感，从而在语文的诗意中升腾出高贵的品格与尊严。

叶嘉莹先生说："诗就是人心的苏醒，是离我们心灵本身最近的事情，是从平庸、浮华与困顿中，醒过来见到自己的真身，真身就是自我。"我曾经这样解读"诗意语文"，她就是一粒精神的种子，能塑造孩子人生的诗意美好，而这粒种子更让语文老师们找到了人生的诗意美好。

诗意是我永远的追求与向往，在这条追求的路上，集结越来越多的语文同道，追求着我的追求，执着着我的执着。

我的“诗意语文工作室”成立时间并不长，短短两年多，从形单影只一个人，到闻讯而来的几十人，到呼朋唤友、知音相觅的一二百人，最后到人员满聚的五百人，另有诗心拳拳于预备群中孜孜以求的近百人。这种由量变到质变、最终飞跃式的发展，足见当代语文教师对诗意教学、诗意栖居的追求与渴望。工作室这个小小的微信平台，以开放包容的姿态，集聚了天南海北近700位诗意语文人，覆盖全国22个省、4个直辖市、5个自治区（目前只有港澳台的语文教师缺席）。这里有由38位大学教授、特级教师、省市著名教研员组成的工作室特聘导师团队做引领，还有600余位全国语文才俊做支撑，共同践行诗意语文的理念，打造语文的诗意空间。

工作室活动的创建与参与全都是工作室成员的自动、自发、自觉的行为。在这种自动自觉下，热爱诗意语文的老师们，迸发出了令人赞叹不已的热情和创造力，诸多有热情有能力有担当的青年才俊纷纷涌现，群策群力，短时间内就推出了“诗意语文讲坛”等22个栏目，有层次、有特色，立体全方位服务教研与教学。

“读万卷书，行万里路”，工作室将苦练内功与游学送课相结合，力求打造知行合一的成长空间，诗意语文人勇于实践，不断超越自我。2017 年 3 月，我曾应湖南永州宁远教育局之邀，携工作室群主张茵、坛主王青生送课宁远；2016 年、2017 年全国高中语文教师基本功两届大赛共 40 人左右随赴赛场，他们各展英姿，在交流学习中迅速成长成熟。一个个比赛成绩和岗位业绩，都让我看到了诗意语文人蓬勃的生命力与高昂的进取意识。他们充满理想，富有朝气，以一种永不停歇的成长态势活活泼泼地工作着、生活着。

就是这样的诗意语文人，以一种对文字文化文明的虔诚，书写着、追寻着。两年的时间里，有 30 余人次在《语文学习》等核心期刊上发表论文。同时，还撰写了《高中语文经典篇目同课异构与点评》等近 30 本书。

我震惊于他们强大的执行力与爆发力，更欣喜于他们孜孜以求、充满创新的精神力量。他们都是诗意的创造者、承继者、传播者，播洒诗意、播洒美丽、播洒心灵的光辉。

而今，在诗意语文思想与实践的热烈芬芳之时，“诗意语文系列丛书”的约稿征集，让工作室老师群情鼎沸，将思想流淌笔端，让文字传递诗情，是诗意语文人笔耕不辍的原动力。语文核心素养有四个元素：语言结构与应用、思维发展与提升、审美鉴赏与创作、文化传承与理解。诗意语文围绕这四个维度展开，丛书也围绕这四个维度阐述并将全方位展示诗意语文人的从教之思、施教之意、善教之美。

每一种独特的语言表达方式都是其思维的路向与生命体验的精神符号。正因如此，“诗意语文系列丛书”更具有文学气质。它渗透个人的理解，表达个人的情趣和品味，浸染独特的感觉体验和情感，点燃与激活诗性思维与生命激情，凝结成无形的精神气质。它呈现出一种浪漫主义和精神向度，以语文的高贵姿态，传递美的信念。

坚守汉语的诗性，激扬文化的自信，唤醒生命的诗意，点燃职业的激情，丰盈审美的灵魂，领略语文教学的诗意，探究语文的本源。诗意语文愿与更多语文人携手，于有限的语文教学空间，开拓无限的语文教学长路。

路漫漫其修远，诗意相伴，吾道不孤。语文之道，在体悟、在实践、在交流、在思考、在阅读、在勤奋。道在何方，在笔头、在脚下、在心上。

董一菲

前　言

2017 年 2 月的一天，董一菲导师的一条微信翩然而至，嘱我担任诗意语文工作室“诗意语文·文本解读”栏目总策划，并且让河北省辛集三中的李超老师、内蒙古自治区赤峰市克什克腾旗经棚一中的刘洪涛老师来协助我。

在董一菲导师的指导下，我们确定了“诗意语文·文本解读”栏目以“解读优质文本，见解独到新颖，提倡个性多元，鼓励争鸣交锋”为宗旨。2017 年 3 月 2 日，我们的“诗意语文·文本解读”栏目成立了。“诗意语文·文本解读”的英雄帖在“董一菲诗意语文”公众号上发表了，一经推出就受到全国诗意语文人的喜爱，从最初加入“诗意语文·文本解读”群的 77 人，到现在已经吸纳了来自全国各地的 146 名诗意语文解读人。我们几位策划携手前行、群策群力，目前，“诗意语文·文本解读”已经成为“诗意语文工作室”最受欢迎的栏目之一。

我们“诗意语文·文本解读”策划团队每月都会进行一

次周六的群内现场汇报，用微信语音的形式和大家在“诗意语文工作室”群内分享。现在，我们已经成功推出了《赤壁赋》《湖心亭看雪》《雷雨》《永遇乐·京口北固亭有怀》等8次现场汇报，有20多位诗意语文解读人进行了现场分享。每次“诗意语文·文本解读”现场汇报时，全国的诗意语文人都围群夜话，侧耳倾听，喜爱之情，溢于言表。

2017年8月，“董一菲诗意语文”公众号改版，“诗意语文·文本解读”策划团队每周二推出“诗意语文·文本解读”专栏。2017年8月22日，改版后的“诗意语文·文本解读”专栏第一期隆重推出。到现在为止，我们“诗意语文·文本解读”专栏已经成功推出30多篇文本解读佳作。其中，有三篇文本解读的文章先后发表在2017年的《教师报》上，分别是徐昌才老师的《欢乐其表，哀痛其里——陶渊明〈归去来兮辞〉新读》、李慎老师的《文本解读多元化 课堂教学层次化——以〈小狗包弟〉为例》、龙潇老师的《若有梦兮山之阿——〈梦游天姥吟留别〉解读》。

由于“诗意语文工作室”的影响不断扩大，2018年，西苑出版社联手“诗意语文工作室”出版“诗意语文系列丛书”，这是一件令人欢欣鼓舞的大事。董一菲导师让我担任《诗意语文：经典篇目文本解读》的主编。为了更好地编写这本书，安徽省亳州市第一中学的陈平老师、山东省平度第一中学的迟伟杰老师也加入了策划团队。我们几个快乐的小伙伴经过多次商量、多次修改，最后呈现给广大读者的就是这本《诗意语文：经典篇目文本解读》。

《诗意语文：经典篇目文本解读》，精选经典文本，力邀各地才俊，收录了诗意语文工作室63位老师的文本解读文章。他们是来自全国各地的初、高中语文教师。

在本书章节内容的设计上，我们以时间为顺序，贯穿古今、纵横中外，以中国文学作品为主，兼顾外国文学作品。本书共分为七章。第一章："此亦一是非，彼亦一是非"——穿越先秦；第二章："仁者见仁，智者见智"——遐思两汉六朝；第三章："操千曲而后晓声，观千剑而后识器"——寻梦大唐；第四章："横看成岭侧成峰，远近高低各不同"——徜徉两宋；第五章："问渠那得清如许，为有源头活水来"——遨游元明清；第六章："玲珑剔透巧天工，形神兼备美玉琢"——重构当下；第七章："看山仍然是山，看水仍然是水"——赏鉴西方。

在文本解读的呈现形式上，按照董一菲导师的意见，我们采用了三位老师从不同的角度解读同一篇课文的形式。突出多元解读、个性解读；力求角度新颖、见解独到；希望能给人启发、引人思考。例如《赤壁赋》的解读，三位老师分别从探究问题和揭示矛盾、巧抓关键词、一词两赋比较阅读的角度分别进行解读。

在解读文章的撰写过程中，先依照所选篇目成立三人解读小组，组内成员对该文本进行研读，并查阅相关资料；然后通过交流探讨，确定各自的写作角度。文章撰写好后，组内成员再互相交流探讨、细心打磨、不断完善。全国各地名师精读巧思，或谈理论，或析本质，或抒真情，精致巧妙，思维碰撞时见，智慧火花不绝。

本书所选优质文本以教育部编选教材课文为主，最近距离贴近广大一线教师的教学实际；本书作为初、高中教师专业发展的阅读书籍，以文本作为研究对象，回归语文学科的本质，既有教学实践研究的引导性，又有专业阅读的审美性，为广大中学教师的专业发展提供有利的借鉴。

当下，关于文本解读，可研究的方法很多，可开拓的疆域很广，可发展的道路很长。让我们伴随着“诗意语文·文本解读”栏目一起成长、一起创造美好的未来！

刘雨霞

目 录

第二章

“仁者见仁，智者见智”——遐思两汉六朝

第三章

“操千曲而后晓声，观千剑而后识器”——寻梦大唐

第一章

『此亦一是非，彼亦一是非』

——穿越先秦

1. 蒹葭

《诗经》

蒹葭苍苍，白露为霜。所谓伊人，在水一方。
溯洄从之，道阻且长。溯游从之，宛在水中央。
蒹葭萋萋，白露未晞。所谓伊人，在水之湄。
溯洄从之，道阻且跻。溯游从之，宛在水中坻。
蒹葭采采，白露未已。所谓伊人，在水之涘。
溯洄从之，道阻且右。溯游从之，宛在水中沚。

古老的情诗，生命的咏叹

《诗经》里最唯美的诗大概就是《蒹葭》了。它意境朦胧，情致凄婉，主题多元，因此有人把它誉为“千古伤心之祖”“中国朦胧诗之祖”。

一、朦胧凄婉的古老情诗

《蒹葭》共三章，诗人抓住深秋特有的特征，每章开头两句都以“蒹葭”和“白露”起兴，浓墨重彩，反复描绘秋水之畔凄清的景色，渲染出一种朦胧、凄婉的气氛。

清人沈德潜说它“苍凉弥渺”，近人吴凯生说它“景色凄清”。

从意象上看，作品由自然景物的“蒹葭”“白露”这些特定意象所寓含的清冷迷蒙的特点来映衬出主人公追求“伊人”而不得的内心深处的孤寂凄婉惆怅之情，从而融汇成一幅特定的画面，给人以清冷朦胧、渺远无助、伤而不哀的意境之美。

“蒹葭”者，芦苇也，飘零之物，随风而荡，苍苍茫茫，若飘若止，若有若无。

“白露”者，露重也，随秋而发，夜深而生，日出而涸，瞬息即亡，短暂无常。

“伊人”者，思慕之人也，缥缈不定，若即若离，忽隐忽现，可望而不可即。

“蒹葭”“白露”这样的景物，它既点明了季节与时间，又有独特意蕴的文学意象，渲染了秋季蒹苍露白的凄清气氛。吴文英的“何处合成愁，离人心上秋”应该是对秋愁最精准的论断了；杨无咎说“秋来愁更深”；黛玉也说“秋风秋雨愁煞人”，其情思、其愁绪更是苦不堪言。“悲哉秋之为气也，萧瑟兮草木摇落而变衰”，的确，秋天的凄婉在所难免。万物开始衰落和凋零，容易让人触景而生情，感伤而落泪。

况且，这秋景与可望而不可即、缥缈不定、忽隐忽现的“伊人”的形象交相辉映，浑然一体，烘托了人物怅惘凄婉的情感，达到了寓情于景、情景交融的艺术境界。

从时间上看，三章虽回环往复，但都有着递进之态，暗示了时间的流逝。首章“蒹葭苍苍，白露为霜”，写清晨秋寒霜重之景；次章“蒹葭萋萋，白露未晞”，写旭日初升，霜露渐融之状；末章“蒹葭采采，白露未已”，则写阳光灿烂，露水将收之态。三章兴句不仅渲染出三幅深秋凄美之景，而且写出了主人公追寻伊人的时间推移过程和持续时间之长，恰当地烘托、描摹了随着时间的流逝主人公因为苦苦等待伊人，可望不可求而越来越迫切的心情。

从色调上看，因为秋意渐浓，秋霜浸染，河边的蒹葭由淡绿色到深青色再到雪白色的颜色，当然，主人公不可能在一日之内领略这样的变化，这种夸张的颜色描写把深秋凄凉的气氛渲染得越来越浓烈，更烘托出了主人公当时的心境：越求索越寂寞越失意。这首诗呈现出的色调，还有露的“为霜”“未晞”“未已”的转变，这一意象在视觉上亦是冷色调，且具有转瞬即逝、无踪无影的特点，可渲染出秋季迷离的气氛，因而给全诗营造出凄婉的意境。

《蒹葭》诗中，无边无际的蒹葭，雪白凝结的露水，浩渺苍茫的秋水，蜿蜒曲折的河流，云烟迷离的河畔，依稀可见的小洲，宛然在目又觅之无踪的伊人，写尽了秋的凄清景色，形成一个完整的艺术世界。正是“一切景语皆情语”。这首诗就是把秋天特有的凄清景色与人物委婉惆怅的相思情感融合在一起，从而渲染了全诗的气氛，创造了一个扑朔迷离、朦胧凄婉的意境。

清人王闿运说：“写情入物而苍凉凄动，如‘洞庭秋波’之句，千古伤心之祖。”故几千年以来，这首古老的情诗，令人读之叹之，赞之爱之，心向往之。

二、矢志不渝的生命咏叹

在《蒹葭》三章里比较具体地描写了主人公追寻伊人的情景。时间上从露水浓重到露水未干，再到露水尚存，时间越来越长。地点上从“在水一方”到“在水之湄”，再到“在水之涘”，地点逐渐具体。追寻的道路从“道阻且长”到“道阻且跻”，再到“道阻且右”，道路越来越艰难。

所求“伊人”，即为爱人。在深秋的一天，从蒹葭蒙霜的清晨，到霜化为露，一直到露将干涸的正午时分；在一个蒹葭茂盛苍茫、河道蜿蜒曲折、道路崎岖难行的地方，主人公来往于水中央、水中坻、水中沚，时而逆水而上，时而顺水而下，上下追寻。这种矢志不渝的执着、深沉炙热的爱恋、婉曲动人的心路、无助惆怅的痛苦，发于笔端，见于言外，读者便可想而知了。

所求“伊人”，不止爱人。在无边的天际下，水边摇曳的蒹葭丛中，伊人的身影若隐若现，道路是那么艰难遥远，主人公不管是“溯洄从之”还是“溯游从之”，都求而不得。但是结果如何似乎不是很重要了，重要的是在追寻的过程中主人公那不畏“道阻且长”“道阻且跻”“道阻且右”而不断追寻的不懈和执着，引发出读者关于人的生命的哲学思考，即人生之美在于过程，在于明知“可望而不可即”却依旧“独上高楼，望尽天涯路”；在于明知不可得却依然“衣带渐宽终不悔，为伊消得人憔悴”；在于明知“路漫漫其修远兮”

却仍然坚持“上下而求索”。

人生中最有诗意的境界，不是毫无追求的平静如水的境界，也不是求而得之的欣喜若狂的境界，更不是完全绝望的心如死灰的境界，而是心存一念，未知结果却执着追求的境界。

佛曰人生有八苦：生，老，病，死，爱别离，怨长久，求不得，放不下。诸苦之中，求不得最苦。所谓伊人，一定是在水一方，“伊人”，是最美好的朦胧遥远；“水”，是最柔软的坚决阻隔。可是人生，不就是这样一个在希望中追寻、在追寻中失望、在失望中又再次点燃希望的过程吗？

所求“伊人”，还可以是生命中想要追寻的友情、爱情、事业、理想……无论她是在烟波浩渺的“水一方”，或是在遥不可及的“水之湄”，还是在云遮雾罩的“水之涘”，都是生命中的美好，值得我们永不放弃，勇往直前，不断追寻。黑格尔说：“假如没有热情，世界上一切伟大的事业都不会成功。”西西弗斯不正是在不断推石上山的一瞬间享受到生命的喜悦的吗？精卫不正是在衔石填海的过程中感受到生命的意义的吗？也许，很多时候希望渺茫，但是生命中只要还有希望，就不应该放弃追寻。

王国维说：“《诗·蒹葭》一篇，最得风人深致。”又赞其“洒落”。最美的情诗，不正是应该在秋水之间深情吟唱吗？最执着的追求，不正是历尽辛酸却不改心志吗？

“所谓伊人，在水一方。”

《蒹葭》一诗，是一首古老的情诗，更是一首穿越千年的生命的咏叹调啊！

本文作者：陕西省咸阳市三原县张家坳学校　杨琨

不忘初心，刚毅坚卓

——《蒹葭》主题解读

《蒹葭》选自《诗经·国风·秦风》，是秦地的一首民歌。关于《蒹葭》的解读，亦是仁者见仁，智者见智。《毛诗序》和《郑笺》中认为，此诗是用来讥刺秦襄公不能用周礼来巩固他的国家的。现在大部分读者也把它当作一首爱情诗进行解读。董仲舒《春秋达露》中说："诗无达诂，文无达诠。"西方文艺理论观点也认为，一部作品的真正完成是作者的创作加上读者的再创作。面对这样一个具有多元可能性的作品，现代人如何结合自己的生存境遇和生命体验，对其进行具有广泛意义的解读，使得诗歌中的志意为我们所用，这是一个值得我们探究的问题。

一、“秋水伊人”意象的多元统一

《蒹葭》的多元意义来源于诗歌意象的多重象征意义。诗歌以“蒹葭”起兴，以“伊人”作比，用三章实现“重章叠句”的复沓之美，言辞质朴却意境深幽、故事简单却意味深长，可谓是言有尽而意无穷。

诗歌中，秋水、追求者、伊人构成了一个具有象征意义的意象群。从表层来看，在“蒹葭苍苍”“蒹葭萋萋”“蒹葭采采”的时间推移中，追求者做出了三次“溯洄从之”的努力，却依旧被秋水阻隔，伊人只是在水一方。这里的伊人，我们可以理解为佳人、贤主、嘉宾，抑或是美好的理想与追求。

中国诗歌追求“天人合一”的境界，一切景语皆情语。而水作为一个自然意象，在诗歌中成为阻隔追求者与追求目标之间的障碍，这和中国传统农耕文明中敬畏自然的思想一脉相承。风驰电掣、云雨雪霜，时至今日，我们依旧无法逾越。虽只一水之隔，却是“道阻且长”“道阻且跻”“道阻且右”的艰难，最终成了在水一方的深情遥望。

秋水似现实的困境，伊人似理想的美好。于每一个追求者而言，心中伊人常有，而到达彼岸不常有；心中理想常在，而实现梦想不常有。这种可望而不可即的悲痛或许是人生的最大悲剧。因此，有人说，《蒹葭》是中国悲剧主义文学的早期模式，是理想与现实矛盾的具体呈现。正如鲁迅所言："悲剧是把美好的东西撕碎给人看。"而《蒹葭》，是把最美好的梦想撕碎在现实面前，赤裸裸地展现给每个追梦者。

二、悲剧意义下的刚毅坚卓

木心先生说："人越是没落，越是见其精神。"越是在悲剧的命运之下，我们的搏命奋斗越是可贵。余秋雨在其文学讲座中曾说过："伟大的作品里大都蕴含了一个未知结构和两难结构。"

未知和两难是生活的本质所在，而于文学作品而言，真正的伟大在于能够表现人类最普遍的情感价值和悲剧宿命。一如鲁迅笔下祥林嫂的命运悲剧、性格悲剧和时代悲剧，再如李煜《虞美人》中的家国之痛、人世沧桑。这些情感，都是人类共有的命运结局，所以我们同情悲悯、反思前进。

在《蒹葭》中，理想与现实的反差是每一个个体生命的必然组成部分，但追求与否确实是一个两难的悖论。我们终其一生追求的未知，到头来可能是一场虚无；或许有时得到了，但又不是自己最初的梦想。

面对生命的未知与两难，倘若《蒹葭》仅停留于此，其意境也难得深远。中国文学终究是中国文学，《诗经》作为现实主义代表作品，具有中国古典文学“怨而不怒，哀而不伤”的中庸之道。我们读《蒹葭》这个小悲剧，看到“秋水”这一客观障碍的同时，还看到了主人公的主观能动性。

可以说，在诗歌中，悲剧结果的产生源于客观自然因素，主人公却初心不改，始终坚定地追求。从秋日里“蒹葭苍苍”的苍茫，到“白露未已”时“蒹葭采采”光彩熠熠，时光流逝岁月更迭，即使结果不尽如人意，在水一方，但不变的是三次“溯洄从之”的永恒求索。在不可抗拒的命运面前，主人公用不懈的努力去寻求精神的居所，正是这份“明知不可为而为之”的刚毅坚卓，感动万千后人。

可以说，《蒹葭》中主人公的精神所具有的价值，已经远远超越了讽刺秦襄公的故事本身，超越了一个简单的爱情悲剧，甚至超越了一个时空，获得了永生。海德格尔在他的存在论名著《存在与时间》中提出了“生命意义上的倒计时法——‘向死而生’”。面对未知的命运，用蹚蹀攀缘来对抗即将到来的悲剧，是人生最好的活法，也是人之为人的根本属性。

所以，读《蒹葭》，我们不仅要读文字的本身，更要看到现实主义作品指导现实的价值，看到其蕴含的可贵的人类精神。面对未来，不抛不弃，不卑不亢，刚毅坚卓。

三、《蒹葭》精神的文学表现

经典文学的生命力在于流传。纵观中国文学的历史长河，《蒹葭》中秋水、追求者、伊人所构成的模型已成为一个重要的文学母题。其悲剧意义下具有的刚毅坚卓已不仅仅局限于个体，更具有广泛的普遍价值。在中国文学的传承与发展中，它早已融入中国文人的血脉，为中国传统知识分子思想的形成与发展打下了坚实的基础。

今天，我们再读《蒹葭》，再看中国文学，我们找到了一脉相承的可贵品质。屈原的浪漫主义之作《离骚》，面对人生困境，诗人高呼：“亦余心之所善兮，虽九死其犹未悔。”“不吾知其亦已兮，苟余情其信芳。”身赴汨罗，终成悲剧的崇高；杜甫面对艰难世事，虽身似“天地一沙鸥”，却一心想“得广厦千万间，大庇天下寒士俱欢颜”，身死扁舟，心念苍生，穷也兼济天下；《寻隐者不遇》中“只在此山中，云深不知处”，亦是梦想、追求与现实间的落差；《雨巷》中悠长而又寂寥的雨巷、撑着油纸伞的男子以及丁香般的姑娘，像极了《蒹葭》中的秋水、追求者和伊人，可终也是不得而终。

《蒹葭》的蕴藉深远早已超越它本身的存在，而成为中国文学饶有意味的一座丰碑。古往今来，无数的文人骚客读《蒹葭》而深知命运抉择的两难境地；同样，也是读《蒹葭》，而方知道阻且长，当奋然前行的至理。唯有不忘初心，刚毅坚卓，才能于滚滚风尘中保持遗世独立的风骨。

本文作者：黑龙江省大庆实验中学　赵　胤

寻觅心灵感动，聆听深情歌唱

“有美人兮，见之不忘。一日不见兮，思之如狂。”伴随着王实甫的情诗，我们聆听一首古老的、浪漫的恋歌《蒹葭》，一个深秋的清晨，一个痴情青年来到河边，寻找正热烈追求着的“伊人”。

此时芦苇荡漾，清露为霜，秋风瑟瑟，男子艰难地寻找心仪的人，可“伊人”却如梦似幻，可望难即，潺潺的流水见证着男子的惆怅：“衣带渐宽终不悔，为伊消得人憔悴。”

从“白露为霜”到“白露未晞”再到“白露未已”，描绘出露成霜又融为秋水的过程，从清晨到中午，男子一直在苦苦追求心上人。从“在水一方”到“在水之湄”再到“在水之涘”，从“宛在水中央”到“宛在水中坻”再到“宛在水中沚”，男子心情急切，他望穿秋水，执着追求，那伊人却远在水的另一方，烟波之间，仿佛天涯阻隔，道路又难走又长远，自己如何追索，却只是得到那烟水中的一个幻影。此时一句话也许能表达他的心理：“亦余心之所善兮，虽九死其犹未悔。”（屈原《离骚》）

《蒹葭》情随景入，意在笔先，节奏鲜明，语词简朴，韵味无穷。

一、写法美

情景交融的写法。正如王国维所说：“《蒹葭》一篇最得风人深致。”具有“以我观物，故物皆著我之色彩”和“其言情也必沁人心脾，其写景也必豁人耳目”。

“蒹葭苍苍，白露为霜”“ 蒹葭萋萋，白露未晞”“蒹葭采采，白露未已”，每章开头两句皆以秋景起兴，描绘出一幅水乡秋景图，渲染深秋空寂悲凉的氛围，烘托出诗人凄婉惆怅之情。“一切景语皆情语”，这首诗就是把暮秋特有景色与人物委婉惆怅的思想感情浇铸在一起，从而渲染了全诗的气氛。战国时楚辞家宋玉在《九辩》中感叹道：“悲哉，秋之为气也。”

中国诗词一直有“自古逢秋悲寂寥”的悲秋的色彩，深秋的气象往往会触发人们的落寞悲伤之情。“槛菊愁烟兰泣露，罗幕轻寒，燕子双飞去。明月不谙离恨苦，斜光到晓穿朱户。昨夜西风凋碧树，独上高楼，望尽天涯路。欲寄彩笺兼尺素，山长水阔知何处。”（晏殊《蝶恋花》）作者通过描写苑中景物，注入主人公感情，蕴含离愁别恨之情。“枯藤老树昏鸦，小桥流水人家，古道西风瘦马。夕阳西下，断肠人在天涯。”（马致远《天净沙•秋思》），作者借萧瑟悲凉的秋景，抒发天涯游子孤寂凄苦的思乡之情。

二、章法美

谢榛《四溟诗画》曾指出“《三百篇》已有声律，若‘蒹葭苍苍，白露为霜’”。诗词共三章，各章除了末句均为四言句，采用“二二拍”，节奏明快；一章一韵，偶句押韵，“霜”“方”“长”“夹”，于是朗朗上口，和谐优美，悦耳动人；重章叠句，重章，又名复沓，一唱三叹——这是《诗经》表现形式上的突出特点，非常曼妙。

复沓可加强情感，诗人情感丰富，在反复的咏叹中尽其情志。“嗟叹之不足，故咏歌之。”这时诗就表现出音乐性的一面；诗词动静结合，描摹传神，诗中景物如蒹葭、白露等是静态描写，这样动静结合，铿锵优美，使诗歌本身就具有一种音乐的意境，所以《诗经》既是文学的起源，也是音乐的起源。

三、语言美

“其辞脱口而出，无矫揉妆束之态。”诗词里没有刻意为辞的痕迹，恋爱是“情动于中”，自然流露，因而语言少了装饰，美得纯朴自然。其感情正因为这种朴实无华，更显得热烈真挚，“溯回从之，道阻且长，溯游从之，宛在水中央”，简简单单几句话，便将主人公百折不回、上下求索的坚强意志表现得淋漓尽致。“不流曲折以成诡词，不加刻饰以成蔓骈，俗言即是实言，白话乃是真话，直说乃是信说，《诗经》之最大艺术，在其不用艺术。”

严沧浪论盛唐诗曰：“羚羊挂角，无迹可求，透彻玲珑，不可凑泊，如空中之音，相中之色，水中之月，镜中之象，言有尽而意无穷。”《诗经》本是民间歌词，巷语田讴，自是最真挚的。语言通俗活泼、自由率真，这也是它她易于传唱、风行的原因。

郑振铎说：“在《诗经》中，恋歌可说是最晶莹的圆珠圭璧……它们的光彩竟照得全部的《诗经》都金碧辉煌，光彩眩目起来。”

艾青的诗：“这个世界，什么都古老，只有爱情，却永远年轻；这个世界，充满了诡谲，只有爱情，却永远天真。只要有爱情，鱼在水中游，鸟在天上飞，黑夜也透明。”

爱，是人类亘古不变的定律，《诗经》中坚贞不移的爱情凝固了守望爱情永恒的姿态——等待。它如同一株永不凋零的奇葩，忽视了时间空间的界限，开遍了每一个芳草萋萋的角落。“今夕何夕，见此良人”，我们希望痴情的主人公不再落寞，不再惆怅，而是会有“众里寻他千百度，蓦然回首，那人却在灯火阑珊处”的情景，不负这般相思意。

本文作者：山西省运城市格致中学　苏琴芳

2. 烛之武退秦师

左丘明

晋侯、秦伯围郑，以其无礼于晋，且贰于楚也。晋军函陵，秦军氾南。

佚之狐言于郑伯曰：『国危矣，若使烛之武见秦君，师必退。』公从之。辞曰：『臣之壮也，犹不如人；今老矣，无能为也已。』公曰：『吾不能早用子，今急而求子，是寡人之过也。然郑亡，子亦有不利焉。』许之。

夜缒而出，见秦伯，曰：『秦、晋围郑，郑既知亡矣。若亡郑而有益于君，敢以烦执事。越国以鄙远，君知其难也。焉用亡郑以陪邻？邻之厚，君之薄也。若舍郑以为东道主，行李之往来，共其乏困，君亦无所害。且君尝为晋君赐矣，许君焦、瑕，朝济而夕设版焉，君之所知也。夫晋，何厌之有？既东封郑，又欲肆其西封，若不阙秦，将焉取之？阙秦以利晋，唯君图之。』秦伯说，与郑人盟。使杞子、逢孙、杨孙戍之，乃还。

子犯请击之，公曰：『不可。微夫人之力不及此。因人之力而敝之，不仁；失其所与，不知；以乱易整，不武。吾其还也。』亦去之。

春秋笔墨留余香，冬夏冷暖彰褒贬

——简析《烛之武退秦师》的春秋笔法

《烛之武退秦师》载于《左传·僖公三十年》，《左传》是我国第一部叙事详细的编年史著作。初读文本有过这样的疑问：《烛之武退秦师》全篇仅 294 字，它怎么可能详细叙述烛之武说退秦师的前因后果？纵眼望去波澜汹涌、风云开阖，细收眼底兵戈扰攘、人情汹汹，历史的回响理应在千回百转中跌宕，294 字能叙述些什么？将叙述历史的著作编排在高中语文第一个文言文单元中目的何在？外交上的刀光剑影难道能在文学的广阔天地里辟出一庭雕梁画栋？

带着疑问到文本中探寻，扎在资料堆里广览，我有了眉目，文本里的确是别有洞天。而这让我心生喜悦、随即向往的洞天就是“春秋笔法”。这是孔子首创的描述写法，现多称文章用笔曲折而意含褒贬，也指一字置褒贬，简练而含蓄地点评人事。左丘明发微探幽，精当概括为“微而显，志而晦，婉而成章，尽而不污，惩恶而劝善”。他所编撰的阐述《春秋》的《左传》就留有春秋笔墨之余香，倘若援引春秋健笔看只言片语、探内里乾坤，或许可以赏得如冬夏冷暖般褒贬。《烛之武退秦师》作为《左传》著名篇目，自也当如此。

一、一字一词演绎丰义

中国文学含蓄风格的形成或许是委曲求全的迂回，抑或是中庸藏锋的智慧；有机缘巧合，也有主观使然。但不管怎样，当它形成一种规范的时候恰恰促成这种含而不露的表达拥有更深远的意境和常叠现的深意。《烛之武退秦师》语言精练，堪称文约辞丰的典范，用词细密而意思显明，记载史实而含蓄深远，可以说一字一词都可在历史锻造下绽放出隐隐光华。“贰于楚也”的“贰”字暗含了多少尔虞我诈的故事，“夜缒而出”的“夜”字隐藏了多少惊心动魄的桥段，“使杞子、逢孙、杨孙戍之，乃还”的“戍”字又让人看透历史尘埃不可能轻易摇落、只不过是风向转变的空档里让它短暂降落……诸如此种，不一而足，尽可静心细索，总能窥见猛跌猛宕、大开大合。

我们从这简笔勾勒中坐观风云际会有何意义？文学的社会作用是认识、教育和美感三重作用，读史传文学最直接的收获便是认知文本反映的社会形态，了解该形态下的鲜明人物形象，继而做出道德评判，传承文脉意蕴。读出丰富的意蕴很有必要。

烛之武是作者褒赞的人物：临危受命勇担当、才略超群退雄师，即便有牢骚彰显出的也是人物的真实，也恰因为他是怀才不遇的普通人这临危受命才显得尤为珍贵……在我看来，所有形象特征可以汇聚到一个字上——他的名字“武”。何为“武”？止戈为武，“戈”指代战事，而“止”意味着向外停止战争，向内停止制造新的战事。烛之武摇舌退雄师、片语济万民，从结果看这是“武”之其一表现。“武”的核心意义是自立、自保、自安，烛之武在郑伯诚恳致歉后一句“然郑亡，子亦有不利焉”即“许之”，在爱国大义之下他也在关照自我吧？于己身而言，国安才有施展机会；于国运而言，国若能安也恰证明自己施展的是毕生抱负不可掩抑的才华。

从目的来看这是“武”之其二表现。烛之武虽然并未亲自拿起武器去“止戈”，去以暴制暴，但真正的武德是以不战为精魂的，自强不息为的是收刀入鞘。它代表了勇也代表了仁。烛之武“夜缒而出”只身赴敌营为“勇”，止戈安世为“仁”。这是“武”之其三表现。再来看“佚之狐”，不可否认他胸藏韬略、慧眼识人，这从叔蹇一开始就力荐他以及他的十四字方略之英明都能看出，但我总觉得这不能代表儒家正统思想的价值导向。有人说这是“一只狐”，我是认可的，如此有能力之人何不借便立功而是举荐他人？狐性显露无疑。其实，秦穆公、晋文公、郑伯、子犯这些人物身上所包含的丰富意蕴都有作者的感情倾向，需要我们认真品读。

二、两两对比推看褒贬

语言艺术首先是思维水平，“婉而成章，尽而不污”就是一种理趣，这不仅体现在烛之武退秦师的五论中，也体现在前后几处对比上。

前是“秦晋围郑”“晋军函陵，秦军氾南”，后是烛之武劝动秦伯秦晋二国一拍两散先后撤军，军事联盟的至尖利器抵不过一个“利”，儿女亲家的亲上加亲抵不过一个“益”。正所谓春秋无义战，战与不战全在“利”。

前是“秦伯说，与郑人盟”，盟约刚新鲜出炉热度都没散去，就“使杞子、逢孙、杨孙戍之，乃还”。这“戍”难道是慈悲为怀为郑国振威壮胆打消晋国觊觎？怕是另一种的蓄势，对另一方的防备吧？著名的崤之战不就是秦国看着郑国北门可攻而意欲偷袭吗？只不过半路杀出个伏军崤山险地的晋国大军。

郑伯对烛之武的前后态度也是值得玩味的。文本只交代了他的低头认错、形势分析，那他是从善如流、察纳雅言的明君吗？非也。既明君，为何让贤才屈居“圉正”多年而不用？唯有形势二字可解说这其中缘由。翻阅史料我们不难发现，郑文公是春秋战国时期郑国国君中在位时间较长的一位，郑国作为二流诸侯，常受到楚、晋等强国的欺凌。好在郑文公一是能察言观色忍了再忍，二是常常寻求大国“保护伞”，郑国也因此躲过了一次次灭国危机。

而烛之武的“不许”与“许之”让我们看到了历史画卷上的一抹亮色，为我们建立了“义例”。他的不答应是人之常情。他既聪明、又清醒，敢深夜只身赴敌营就是明证。这样一位智者屈居"圉正"数十载，年至古稀未尝闻名于朝廷怎能不抱怨？他的答应也在情理之中，五论退秦的高站位、远谋略足以窥得他的胸怀天下，这样的人其座右铭定趋近于"穷善其身、达济天下"，机会来了，抓住。如此看来，许与不许的对比为读者呈现的是人物的真实，形象的高大，也算是孔丘所创儒家文化在这一大事件中的鲜明烙印。

其实，在材料的选择和安排上不止"对比"可鉴赏，伏笔铺垫、起伏波澜也是有很多妙趣的，可以说，春秋笔法的表达方式，是把价值判断寓于看似平淡的语句编排之中了。平淡的背后，是深思，思出语言的丰义；是再思，思出材料的编排；是三思，思出历史的定论。没有什么"炮轰""油煎"之类的语言暴力，高简的文笔，传达的是历史法庭的泠泠寒意。

三、三分入木打造经典

传承中华文化必然要求解读经典文本，这就需要了解文学写作上的一些典故和概念，唯此才能遵循传统智慧，创作出符合民族文化基因与底蕴的优秀作品。《烛之武退秦师》堪称经典，在人物刻画、辞令记录、飞白细节、言辞声律、情理文采、详略照应等诸多方面都值得深入品鉴，而所有这些共同呈现在同一文本上又不被认为是在炫技，靠的是思维的主导，否则会使作品流于泛泛。《烛之武退秦师》的思维主导在它的价值导向上，可以说，春秋笔法的运用让行文简洁、意义丰富，它就像镶嵌在文本上名贵却不奢华的钻石，永远有它的隐隐光华。

本文作者：河北省武安市第一中学　董艳荣

运用之妙，存乎一心

——解读《烛之武退秦师》的叙事艺术

出自《左传》的《烛之武退秦师》被选入人教版必修一第二单元，是人教版高中语文教材的第一篇文言文。在单元提示中有这样的要求“学习这个单元，既可以从中领略古人的才华和品德，又可以欣赏和借鉴叙事的艺术”。在现实的教学过程中，更多的老师只是关注了人物的才华和品德，在叙事艺术上却少有欣赏和借鉴。其实，任何人物形象被塑造成功的背后，都是对语言出神入化的运用，在《烛之武退秦师》中最为出彩的莫过于叙事的艺术。

在《春秋》里，对“烛之武退秦师”只有六个字——“晋人秦人围郑”。左丘明根据当时的史料以及他了解的故事演绎成了这样一篇短得仅有不到300字的叙事散文，却给我们讲述了秦、晋、郑三国之间的恩怨纠葛，揭示了战国时期国家关系的波诡云谲，展示了“三寸之舌，强于百万雄师”的辩士雄风。不仅让我们看到了烛之武的能言善辩、国家情怀，还让我们感受到了郑伯的知人善任、知错能改，以及秦伯的察纳雅言、当机立断，甚至是吉光片羽的佚之狐等人也能穿越千年的时光，在泛黄的书页上依然栩栩如生、饱满鲜活。整个文本记事条理清晰，阐述精准，详略得当，张弛有度，如统率百万雄师于笔端，列阵千军万马于指尖，运王侯将相于只掌。唐代史学家刘知几在《史通》中说：“左氏之叙事也，述行师则簿领盈视，哤聒沸腾；论备火则区分在目，修饰峻整；言胜捷则收获都尽；记奔败则披靡横前；申盟誓则慷慨有余；称谲诈则欺诬可见；谈恩惠则煦如春日；纪严切则凛若秋霜；叙兴邦则滋味无量；陈亡国则凄凉可悯。或腴辞润简牍，或美句入咏歌。跌宕而不群，纵横而自得。若斯才者，殆将工侔造化，思涉鬼神，著述罕闻，古今卓绝。”此言评价《烛之武退秦师》，正和其文。

一、运笔时时照应，落点处处伏笔

这篇课文虽然简短，但在叙述故事时，却能够处处透着伏笔与照应。文本在说明“晋侯、秦伯围郑”的原因时，说是因为郑国“以其无礼于晋，且贰于楚也”，这也就说明，与郑国有矛盾的只是晋国而已，在这里就为后文“秦伯说，与郑人盟”的结局埋下了伏笔。随后的“夜缒而出”行为照应了开头的“围郑”的现状，而“晋军函陵，秦军氾南”这一地理位置，给烛之武“夜缒而出”，顺利地“见秦伯”埋下伏笔。“微夫人之力不及此”暗示了晋国选择秦国联盟的原因，而“许君焦、瑕，朝济而夕设版”更是一句神来之笔，不仅照应了前文“晋军函陵，秦军氾南”两国虽为盟军但貌合神离，没有驻军在一起的尴尬局面，又暗示了“秦伯说，与郑人盟”的这一必然结局，为秦晋联盟瓦解，秦郑联盟的建立埋下了伏笔。这些伏笔和照应的应用，使文章结构严密紧凑，读起来毫无突兀之感，既顺理成章，又理所当然。

二、时而风平浪静，时而波澜起伏

这篇课文情节跌宕起伏，一波三折，生动活泼。文本中，“晋侯、秦伯围郑”这样兵临城下的局面，使郑国危在旦夕。佚之狐的推荐“若使烛之武见秦军，师必退”，使郑伯看到了希望之光。而烛之武愤懑负气的“辞曰”，使郑国的希望转瞬成为萤火之光，郑伯临危时的动之以情，晓之以理，也增添了文章的戏剧性。再如，“与郑人盟”后，一句“子犯请击之”，让读者的心瞬间悬了起来，为郑国好不容易扭转的局面捏一把汗。但晋文公在看到秦军“乃还”的情况后，知道此次的攻守同盟已然破裂，于是讲了一番“不仁”“不知”“不武”的大道理，随后“亦去之”，这才平息了一场虚惊。文章有张有弛，曲折有致，增加了文章艺术感染力，引人入胜。

三、抑或惜墨如金，抑或泼墨如云

这篇课文主要是表现烛之武怎样说退秦师的，面对文章的中心事件、核心人物，作者在烛之武“见秦君”后的说辞上泼墨如云。烛之武的说辞先是示之以弱，动之以情，再晓之以理，后又诱之以利，最后离之以间，一气呵成，环环相扣，浑然天成，滴水不漏。这些内容洋洋洒洒，占据了全文一半的篇幅。而对“退秦师”的前因后果，仅用“亡郑以陪邻”“阙秦以利晋”寥寥数字进行交代。在烛之武“夜缒而出”的前后，郑国君臣是如何激烈商讨解危之策，郑国臣民是怎样严阵以待，防范攻城，又是怎样惴惴不安地等待结果，秦国君臣又是以怎样的场面和骄横态度接见这位即将亡国的使臣，作者只字未提战争的硝烟和惶惶不安的人心，而是集中笔墨塑造烛之武的形象，做到繁而不杂，有始有终，层次井然。

赖瑞云教授指出："文本解读和文本解读教学的全部重心应放在歌德说的意蕴、形式这两层，而不是在第一层，即'人人可见'的表层上滑行。"语言作为文本的重要载体，直接关系到叙述文本的成败。《烛之武退秦师》的叙事艺术备受历代研究者的推崇。刘知几在《史通》中评价："言近旨远，辞浅而义深，虽发语已殚，而含意未尽，使读者望表而知里，扪毛而辨骨，睹一事于一句，反三隅而句升。"《烛之武退秦师》全文共四段，看似平铺直叙，平淡无奇，但从文本叙述的背后入手展开分析就会发现，字字珠玑，句句暗全，段段关联，浑然一体，知其意，悟其神，得其趣。文本中常常隐含着出人意料的言语智慧和叙事艺术，只有通过深度解读，方能涵泳文本，品味叙事艺术魅力，彰显文本意义。

本文作者：云南省曲靖市第一中学 谭付波

描写之中见真人

——谈《烛之武退秦师》的烛之武人物刻画

人物形象是文艺作品中的重要因素。优秀的文学作品大都成功地塑造了典型的人物形象，反映了一定社会生活的本质或某个历史时期的某些方面。可见叙事文学的理解和分析是基于对人物形象的理解。

《烛之武退秦师》这篇文章里塑造了很典型、很生动的人物形象，可谓栩栩如生。穿越千年，再次阅读这篇简短的文章，依然能强烈地感受到烛之武熠熠闪烁的人物形象。

我们要赏析《烛之武退秦师》中的烛之武形象，需要从描写入手。

人物描写的方法主要有两种：一是正面描写，就是用生动形象的语言，把人物或景物的状态直接具体地描绘出来。

二是侧面描写，又叫间接描写，是指在文学创作中，作者通过对周围人物或环境的描绘来表现所要描写的对象，以使其鲜明突出，即间接地对描写对象进行刻画描绘。

《烛之武退秦师》中对人物的描写有正面描写和侧面描写。我们来看烛之武这个人物形象。烛之武是何许人呢？文章没有开始就对烛之武进行正面描写，而是在秦晋围郑的紧要关头"佚之狐言于郑伯曰：'国危矣，若使烛之武见秦君，师必退。'"其中"师必退"的"必"是"一定"的意思，佚之狐用这样的话来向他的国君郑伯推荐人，一方面说明了佚之狐很了解烛之武，另一方面说明了烛之武本事大。这让我们不禁会问：烛之武到底何许人也？在如此紧迫关头他会有什么妙法可以退兵？这样就很好地吊起了读者的胃口。通过佚之狐的语言凸显出烛之武，这样的侧面描写可谓精彩。烛之武还未出场，已经让读者满心期待了。

接下来，郑伯接受了佚之狐的推荐，有了烛之武和郑伯的一场对话，这里开始对烛之武进行正面描写。从文中他的推辞"臣之壮也，犹不如人；今老矣，无能为也已"中可以看出，他满腹才华却无用武之地，是个郁郁不得志的人。"辞曰"和"许之"是烛之武对郑伯请他出使说秦的态度。过程交代十分简略。烛之武在使命面前，先辞后受，有重要作用：

一是交代了烛之武的境况，是一个不被重用的老臣；二是点明烛之武深明大义，以解国难为重。这一部分，粗线条勾勒出烛之武的形象。烛之武的人物形象越来越清晰。

烛之武怎样去见秦伯的呢？文中仍然用正面描写，这里用动作描写“夜缒而出，见秦伯”交代他出城的时间和方式。敌军围困，自然不能开城出人，只能是偷偷地从城墙上用绳子缒人而出，从这里看得出当时的形势十分紧迫，从而表现出烛之武临危受命的义勇精神；夜间行动，可避人耳目，此次说秦，重在离间秦晋联盟，因此，尤不能让晋人知道，此处可见烛之武说秦考虑得细致周到。看似很简单的句子，却是处处为塑造人物添彩。读到此处，我们可以看到，烛之武是一个爱国志士，也是一个无所畏惧的勇士，但仅有这两方面，也许只是匹夫之勇，是不能完成退秦师的重任的。

见到秦伯，烛之武用他的语言说服秦伯。这里是文章的核心部分，也是正面语言描写。烛之武的形象在这部分的描写中充分展现。说服秦伯需要大智慧，而烛之武就是这样一个智慧超群的外交家。此处的语言描写可谓精彩绝伦。烛之武说“秦、晋围郑”，先说“秦”，再说“晋”，这是为什么呢？两国顺序，意味深长，耐人寻味。这是暗示秦伯，在“秦晋联盟”中，秦国排在晋国之前，以秦为主导，这是给秦伯一个“高帽”。

接下来，烛之武进入第一次劝说的核心问题——亡郑有利于晋还是有利于秦？存郑对谁有好处？在这个阶段，在对晋的称呼上，烛之武考虑到初见秦伯还没有消除秦伯对自己的戒心的情况下，对晋国的称呼进行了仔细斟酌，只是用了一个“邻”字，即“焉用亡郑以陪邻？邻之厚，君之薄也”。一个“邻”字，其实将晋与秦之间的关系表露出来了。“邻”字比“晋”字更形象，这个“邻”，意思并非只是“郑之邻”，而亦是“秦之邻”，郑国灭亡不要紧，而秦国的邻居晋国强大肯定不是好事。因此，烛之武说话开始用“邻”字，确实耐人寻味。这些看起来很细微的地方，恰恰体现出烛之武缜密的思维和高超的智慧。

这部分的语言描写，重点分析三个假设句（“若亡郑而有益于君”“若舍郑以为东道主”“若不阙秦”），其意义何在？假设其实是一种非常有效的劝说方式，它从反面入手，预想未来可能出现的结果，甚至有意识地渲染这种结果，就会加强说服的效果。“若亡郑而有益于君”，其实就是“郑国灭亡对您是没有好处的”，隐含的意思就是郑国灭亡的最大赢家是晋国，秦国没有任何收获。“若舍郑以为东道主”，则是预想一种美好的未来，其实对于秦来说“行李之往来，共其乏困”，这简直是微不足道的好处，可以忽略不计，因此烛之武说“君亦无所害”，说“无所害”，是一种“底线”，意思是“至少对您没害处”，这其实为秦伯留下了巨大的思考空间。再看第三处，“若不阙秦”则是预想一种严重的后果，“阙秦”并非事实，只是一种可能出现的对秦国不利的结果，烛之武是想说：不损害您的利益，损害谁呢，反正郑国已经灭亡了。至少我觉得，这句话的杀伤力是很大的，它直接将秦国与晋国的利益矛盾摆在了历史的前台。烛之武说的这几句话看上去都是为秦国的利益着想的，让秦伯看到了自己利益的得失，让秦伯动心。事实上，秦穆公也确实被打动了，所以，他一直未打断烛之武的话，说明他听得十分入神。这一部分通过正面语言描写，将烛之武的高超智慧和说话艺术展露充分，语言围绕着“趋利避害”做足了文章。一位勇赴国难、知己知彼、善于辞令的外交家形象跃然纸上。

为了进一步让烛之武的人物形象得到印证，后面文字用侧面描写，一处是“秦伯说，与郑人盟”，一处是晋侯“亦去之”。从这两处侧面描写可以看出烛之武成功地瓦解了秦晋的联盟。秦伯高兴了，竟然由原来秦晋结盟变成了秦郑结盟，这是 180 度的大转弯，这是烛之武用他的智慧和语言达到的效果。秦伯下令退兵，而失去了联盟的晋侯审时度势后，“亦去之”。秦晋围郑的形势转危为安，这是烛之武的功劳。侧面描写有时候可以起到用精练的文字表达丰富的内容的效果。

《烛之武退秦师》运用正、侧面描写方法，用精练的语言、合理的详略为我们展现了一位才华横溢、深明大义的爱国志士，一位知难而上、义无返顾的勇士，一位不卑不亢、机智善辩的辩士、外交家。文章既有正面的语言描写、动作描写，也有侧面的语言描写、神情描写。尤其是在运用对话方面，达到了纯熟的艺术境界。对烛之武的刻画，作者始终没有直接评论，而是通过对人物的描写来体现。作者不发议论，而倾向通过描写让人物自见。寓人物形象于描写之中，这是《左传》，也是我国史传文学的一个重要特点。所以我们在鉴赏人物或写作人物时都不要忘记描写这种方法。

最后，我想说没有描写就没有人物，让我们从描写中见真人。

本文作者：山东省平度第一中学　迟伟杰

3. 逍遥游

庄 子

北冥有鱼，其名为鲲。鲲之大，不知其几千里也；化而为鸟，其名为鹏。鹏之背，不知其几千里也；怒而飞，其翼若垂天之云。是鸟也，海运则将徙于南冥，——南冥者，天池也。《齐谐》者，志怪者也。《谐》之言曰："鹏之徙于南冥也，水击三千里，抟扶摇而上者九万里，去以六月息者也。"野马也，尘埃也，生物之以息相吹也。天之苍苍，其正色邪？其远而无所至极邪？其视下也，亦若是则已矣。且夫水之积也不厚，则其负大舟也无力。覆杯水于坳堂之上，则芥为之舟，置杯焉则胶，水浅而舟大也。风之积也不厚，则其负大翼也无力。故九万里，则风斯在下矣，而后乃今培风；背负青天而莫之夭阏者，而后乃今将图南。蜩与学鸠笑之曰："我决起而飞，抢榆枋而止，时则不至，而控于地而已矣，奚以之九万里而南为？"适莽苍者，三餐而反，腹犹果然；适百里者，宿舂粮；适千里者，三月聚粮。之二虫又何知？

小知不及大知，小年不及大年。奚以知其然也？朝菌不知晦朔，蟪蛄不知春秋，此小年也。楚之南有冥灵者，以五百岁为春，五百岁为秋；上古有大椿者，以八千岁为春，八千岁为秋，此大年也。而彭祖乃今以久特闻，众人匹之，不亦悲乎！汤之问棘也是已。穷发之北，有冥海者，天池也。有鱼焉，其广数千里，未有知其修者，其名为鲲。有鸟焉，其名为鹏，背若泰山，翼若垂天之云，抟扶摇羊角而上者九万里，绝云气，负青天，然后图南，且适南冥也。斥鴳笑之曰："彼且奚适也？我腾跃而上，不过数仞而下，翱翔蓬蒿之间，此亦飞之至也。而彼且奚适也？"此小大之辩也。

故夫知效一官，行比一乡，德合一君，而征一国者，其自视也，亦若此矣。而宋荣子犹然笑之。且举世誉之而不加劝，举世非之而不加沮，定乎内外之分，辩乎荣辱之境，斯已矣。彼其于世，未数数然也。虽然，犹有未树也。夫列子御风而行，泠然善也，旬有五日而后反。彼于致福者，未数数然也。此虽免乎行，犹有所待者也。若夫乘天地之正，而御六气之辩，以游无穷者，彼且恶乎待哉？故曰：至人无己，神人无功，圣人无名。

《逍遥游》与中学生价值观的建构

许多教师在《逍遥游》的教学设计过程中都遇到过这样的难题，即如何明确三维教学目标“情感、态度、价值观”中的“价值观”。的确，提起庄子，人们往往首先想到的是他思想中消极虚无的一面，如何把庄子哲学思想中的精华准确恰当地转化为让学生主动接受的价值观是值得的探讨的问题。教学目标的确定既要忠实于庄子的思想，又要与时俱进、契合中学生思维发展的特点和健康成长的需要。只有找到两者的平衡点，才能较好地解决这个问题。本文拟从自由观、小大之辩、无我几个方面略作探讨。

一、关于自由

“生命诚可贵，爱情价更高。若为自由故，两者皆可抛。”青春期的中学生对自由无比地渴望。《逍遥游》对自由的本质作了深刻地阐释，足以启发狂热追求自由的青年人。

1. 自由是勇敢追求、奋力拼搏、完善自我的产物

“万类霜天竞自由”“野马、尘埃”“蜩与学鸠”“鲲鹏”都在自己眼中的广阔世界遨游，但它们的自由各不相同。

“野马也，尘埃也，生物之以息相吹也。”它们在尘世间飘飘荡荡，看似自由，实则身不由己。别人给的自由绝不是真正的自由。心之所向、身之所往全然不由自己决定，或许它们从未关心过或思考过自己的人生、命运、自我价值，抑或它们根本没有自我！古往今来被时代洪流裹挟着的芸芸众生何尝不是如此！在历史大背景下的大多数普通民众一如“野马尘埃”般渺小卑微，他们随着历史潮流涌动，却很少有人明白其中的意义。

“翱翔于蓬蒿之间，此亦飞之至也”，“蜩、学鸠、斥

鷃”之流的自由具有主动性，但是它们对自由的认识与理解很狭隘。“我决起而飞，抢榆枋而止，时则不至，而控于地而已矣，奚以之九万里而南为。”生活中也不乏这样的一群人，他们能力不足、目光短浅、小富即安。有人说，这样的生活也不错啊，自由自在，知足常乐也是一种幸福。然而这种看似自由的生活真正的悲哀就在于眼界限制了思想、思想禁锢了梦想，而没有梦想就等于折断了翱翔的翅膀！

“彼且奚适也？”“奚以之九万里而南为？”没有人知道鲲鹏历经千辛万苦飞到南冥究竟要去干什么，大鹏没有说，庄子也没有说。“天之苍苍，其正色邪？其远而无所至极邪？其视下也，亦若是则已矣。”也许是去南冥寻找自己能听得懂的声音，也许仅仅只想看看天有多高，有多蓝。这些都不重要。大鹏翱翔于九万里的高空，莫之夭阏，凌空一瞥的眼神已经告诉了我们答案。对自由的追寻也许不能增加生命的长度，但它必定会提升生命的高度！

2. 自由的获得是对生命的挑战

人们都惊叹于大鹏翱翔于九万里高空时的洒脱，却很少有人想到这一切多么来之不易！北冥之鱼要成其大，不知道要经历几世几劫的沉潜等待！化而为鸟，又不知道要经历怎样九死一生脱胎换骨的磨难！六月大风起，大海怒扬波，电光火石之间的振翅一飞，又要冒着铩羽堕海、永坠深渊的巨大风险！难怪蜩与学鸠要嘲笑它“奚以之九万里而南为”。

要戴王冠，必承其重；若得自由，必克其难。自由不是别人施舍的，也不可能随随便便地获得。自由的获得是对生命的挑战，也许生命的意义也正在于对自由的认识和争取。正如裴多菲所言“若为自由故，两者皆可抛”。

在争取自由的过程中，所凭借的条件越多、越苛刻，自身所承担的风险就越大，付出的努力也就越艰辛，然而最终所取得的自由的限度也就越大。这就是庄子的辩证法，也是生活的辩证法。

3. 对绝对自由的追求是人类及个体生命突破自我、超越自我的动力源泉

大鹏在许多人心目中是自由的象征，然而庄子当头棒喝：有所待者皆不自由！大鹏与其他万物并无二致。大鹏只是比其他生物相对自由一点而已。有所待即有所限，无所待才得真自由。真正的、绝对的自由是什么？“（若夫）乘天地之正，而御六气之辩，以游无穷（者）”，简而言之即认识、掌握并能运用一切自然规律，从必然王国进入自由王国。当然人

类目前无法做到这一点，也许永远无法做到。所以有人说，庄子的绝对自由是不存在的，是没有意义的，但人类的文明史不正是人类不断认识和掌握自然规律，不断突破自然制约获得相对自由的历史吗？庄子明白无误地告诉我们，想要打破自然的局限，必先突破思想的局限！“有蓬之心”者岂得真自由！心灵之自由才是真正的自由。

二、关于小大之辩

1. 大智慧与小聪明

“小知不及大知，小年不及大年”本来是为后文的论点张本，为使文章的论证过程更严密、更具说服力，进一步说明“万物皆有所待”的道理。但同时“小大之辩”也准确地指出了人类认知的一个朴素道理。

所知越多者越能认识到自己的无知，所知越少者越觉得自己无所不知。拥有大智慧者往往谦虚谨慎，不轻易下结论，小聪明的人往往信口雌黄、滔滔不绝。《逍遥游》中大鹏终篇只说了一句话“且适南冥也”，而斥鴳之流自以为是、得意扬扬，骄傲自满溢于言表。

中学阶段是求知的黄金时期，在求知的道路上要摒弃小聪明，获取大智慧；要努力突破自我局限广泛地学习，永不自满；要树立终身学习的理念，充实自己，提高自己。

2. 大目标与小理想

大鹏的目标是南冥，故能“抟扶摇而上者九万里，绝云气，负青天”，斥鴳的理想是“翱翔于蓬蒿之间”，故整日腾跃嬉戏，只求果腹。

自古以来成大事者大都从小树立鲲鹏凌云之志。“会当水击三千里，自信人生二百年”“为中华之崛起而读书”，毛泽东、周恩来等老一辈无产阶级革命家正是从小树立远大理想，并矢志不渝地为之奋斗终生，才成为令人景仰的一代伟人。中学生一定要有远大理想，并为之努力奋斗，才能不负青春芳华。

“心有多大，舞台就有多大。”井底之蛙终日仰望巴掌大的蓝天，它自然永远无法想象大鹏在九万里高空俯视地球的壮观景象。环境影响眼界，眼界决定境界。作为青年人，应该勇敢地走出自己的小天地，以世界为舞台，“天高任鸟飞，海阔凭鱼跃”，成就自己精彩的人生。

三、关于无我

怎样才是真正的“逍遥游”？庄子给出了明确的答案：至人无己，神人无功，圣人无名。《逍遥游》的后半部分分别用“尧让天下于许由”“肩吾问于连叔”“惠子谓庄子”三个故事生动地阐释了“圣人无名”“神人无功”“至人无己”的具体内涵。“无功”“无名”都好理解，唯独“无己”较为费解。

“心底无私天地宽”，唯有“无己”，方可成其大，方可“用大”，方可逍遥于天下。“有蓬之心”者一叶障目（一叶者，功、名、利、用耳），斤斤计较于利害得失，惶惶不可终日。借用冯友兰的人生境界说，“无功”“无名”是人类突破“自然境界”“功利境界”达到“道德境界”的途径，而“无己”则是人类达到“天地境界”获得真正自由的法门。从这个角度而言，庄子的游世思想对于中学生的人生观、世界观、价值观的确立具有积极的意义。

本文作者：陕西省宝鸡市烽火中学　张少华

超越与逍遥

——《逍遥游》主旨初探

要引导学生理解此文，教师应对《逍遥游》主旨进行探寻。《庄子·逍遥游》是《南华经》的首篇，在庄子著作中占有重要的地位。然而庄子思想丰富，往往难以理解。正如王博指出的那样，“他（庄子）道通为一的本领。他就像是《大宗师》中提到的大冶，以他心灵为大炉，熔铸着整个的世界、人生和历史”。《逍遥游》主旨的探究，对帮助学生了解庄子，走进这位哲学巨人，探讨庄子思想的价值，具有十分重要的意义。为此本文对《逍遥游》主旨作初步的探寻。

一、对大鹏形象的理解

展翅飞翔的大鹏形象，寄托着庄子超越现实的追求和无法实现理想的悲哀。

“北冥有鱼，其名为鲲。鲲之大，不知其几千里也；化而为鸟，其名为鹏。鹏之背，不知其几千里也；怒而飞，其翼若垂天之云。是鸟也，海运则将徙于南冥。”

庄子以非凡的想象力，描写鲲鹏展翅、飞升，其大几千里，背若泰山，翅膀若垂天之云，是在借助于大鹏来表达自己的理想和心灵，自己精神超越的过程。王博指出，“飞，以及飞所代表的的上升，正是《逍遥游》的主旨”。

“鹏之徙于南冥也，水击三千里，抟扶摇而上者九万里，去以六月息者也。”其是何等的雄伟，深沉博大，有一种超群脱俗的力量，气势磅礴，正引起人们心灵世界产生激荡，引起震撼，也鼓舞人们对于自己的追求无所畏惧，一往无前。

文章三次浓墨重彩地描述了大鹏形象，实际上正是作者企图挣脱现实的羁绊，是为了慰藉自己苦闷而孤独的心情。

然而大鹏失败了，原因何在？文中写道大鹏“怒而飞”，却“去以六月息者也”“且夫水之积也不厚，则其负大舟也无力”，显然，缺乏展翅的条件。陈引驰指出，文章从积水之多寡所能承载的草芥、杯盏乃至大舟之不同，提示鲲鹏展翅需要风之集聚。清代胡林翼指出：“办大事，以集才集气集势为要。”就像一个杰出人物的出现，缺乏适宜自己的舞台。大鹏的失败，也证明了作者欲飞的理想和无法飞走的悲哀。

尽管如此，鲲鹏巨变的寓言仍然激励人们奋发有为的精神。吴怡在《逍遥的庄子》中写道：“把鲲鹏拿来象征人世，鲲化为鹏的历程，说明一个人在成为至人、神人或圣人之前的一段修炼功夫。”鲲鹏成为后代文人推崇的艺术形象，尤其是李白更是青睐有加。李白言志之作《大鹏赋》中写道，“头转而天动，山摇而海倾，怒无所博，雄无所争”，表达了他对大鹏的心驰神往。

二、理解逍遥的层次

鲲鹏是作者理想的寄托，而现实中，却有着很多志趣不高的人，他们不仅无法理解大鹏的追求，反而极力地嘲笑。

首先，像蜩、学鸠和斥鴳这些志趣低下的人，是可以不屑一顾的。如“斥鴳笑之曰：‘彼且奚适也！我腾跃而上，不过数仞而下，翱翔蓬蒿之间，此飞亦至也。’”对于斥鴳这些人，日本学者福永光司指出：“蜩与学鸠，纵是嘲笑一切伟大者，它们到底只是些‘侏儒之群’而已。”这是“小大之辩”。

作者的目的寓示着精神超越要排除世人的非议和嘲笑，鄙弃一般士人所珍视的价值观念。

对此，王博先生进一步指出：“关键的问题不在于知识，而是眼界，或者人们习惯说的境界。”境界小的人固执于自我，而境界高的人追求自我的超越，“化”就是一种象征，一种遗忘和丧失自我的象征。

庄子对于精神的超越是不断的。那些知效一官、德合一君、征一国者，在现实中功成名就，是道德楷模、百姓信赖的人，庄子也是主张否定的，或者说超越的。因为“他们安住在尝试层面的价值与规范的世界，将这一角世界当成世界之全，而埋没其中”。（日本福永光司语）

即使像宋荣子“举世誉之而不加劝，举世非之而不加沮，定乎内外之分，辩乎荣辱之境”，以及列子的“御风而行”，可谓是达到一个极高的精神境界。

关于宋荣子，“定乎内外之分”，陈引驰认为，“是一种对自我的内在需求和价值的明了，那么外在的荣辱都不会左右其行为”，即所谓“举世誉之而不加劝，举世非之而不加沮”，实际上是尊重自己内心世界的需要。

至于列子，陈引驰认为，“列子轻快神妙地乘御着风来往自如，对外在的世界也是一种依顺，而同时也是自我的一种实现”。但仍然受外在的限制和约束，“斯不能逍遥矣”。

因为宋荣子和御风而行的列子，仍有所依赖，有所束缚，未能达到绝对的精神自由。徐复观指出：“人生之所以受压迫，不自由，乃由于自己不能支配自己，而须受外力的牵连，即受到外力的限制甚至支配。这种牵连，谓之为‘待’。”

正因如此，庄子还要继续追寻。那么，庄子的真正追求是什么呢?

“若夫乘天地之正，而御六气之辩，以游无穷者，彼且恶乎待哉？”结论应该是，“故曰：至人无己，神人无功，圣人无名”。

三、如何理解“逍遥”的内涵

庄子追求的最终目标是极其高远的逍遥境界。而这种境界与儒家学说中追求的“内圣境界”是不同的逍遥境界。逍遥境界,或称天地境界,用庄子的话说,“独与天地精神往来”,是庄子学说的最高境界。要达到这样的境界，必须顺应万物的天性，达到物与我之统一。具体地说，“无己”就是彻底摆脱私欲和外物的束缚；“无功”，就是去除功名利禄之心；“无名”，就是彻底忘记荣辱得失。

对此，徐复观指出：“而庄子的‘无己’，让自己的精神，从形体中突破出来；而上升到自己与万物相通的根源之地。”方东美指出：“庄子与一般的世俗英雄不同，他所谓的‘真人’‘至人’‘神人’，并没有这种精神的优越感，也没有这种‘小我’的观点；也就是说他并没有划一道鸿沟，把自己和宇宙隔开来，把自己和一般人隔开来。这就是所谓的‘至人无己、神人无功、圣人无名’！”

王博先生更详细地阐述，庄子的追求在于：一方面自己力量不断“蓄积”，一方面不断地从现实中“剥离”。在完全超越现实后，进入一个“白茫茫”的真世界，如貌姑射之山，如冰雪的肌肤，处子般的绰约，一个干净、脱离了世俗浊重。

在庄子的思想中，这种逍遥境界是对时间、空间的超越，甚至还包括对义和利的超越，生与死的超越。在《庄子·至乐》中提到的“鼓盆而歌”，庄子为妻子离开人世而歌。在庄子看来，妻子离开人世是回归生命的本源。

而“乘天地之正”就是“顺乎天地的大道”，把握天道之静态；“御六气之辩”就是“顺应宇宙自然风雨晦明的种种变化”，把握天道之动态。这就是人们追求的精神自由的最高境界。

很显然，上述提到的“至人、神人、圣人”，都是进入逍遥境界，或者是庄子崇尚的理想人格。他们不为世俗观念所困扰，“与造物者为人（偶），而游乎天地之间”。这种人神游“无何有之乡”，心寄“无物之初”，是真正超越了“小我”的执念，没有事功、名利的仰慕，是一种真正的自由。

四、庄子逍遥境界的价值意义

战国时代，正是社会大变革的时代，战乱频仍，政局动荡，人们饱受苦难。处于混乱时代的庄子，为现实中的人们而深深痛苦。出于生命的大同情、大悲悯，他希望人们从现实的羁绊中摆脱出来，以开放的心态来追求生命的尊严和价值。

虽然庄子提倡的逍遥境界是难以企及的。但是，在某种意义上讲，庄子是以哲学的方式为我们找到了一个心灵安顿方式，一个安身立命之地，一个精神家园。

我们总是被生与死、寿夭、得失、贵贱等所累，身心疲惫，没有自由。但是作为一个精神追求者，我们可以抵御现实的诱惑，“在丑恶的世界中保持自己自尊自爱”，保持精神的清洁，获得精神的自由。

如果能够汲取庄子奋发向上的精神，一往无前，冲破一切障碍和束缚，去攀登新的精神高峰，我们起码可以拯救迷茫中的自我。

本文作者：安徽省定远英华中学　王国敏

心灵的慰藉与精神的超越

——浅析《逍遥游》

卢梭在《社会契约论》中说：“人生而自由，却无往不在枷锁之中。”

很难描述“自由”是什么，但几乎所有人，都对“不自由”有着痛切的体会。“眼前的苟且”与“诗和远方”这两个词组之间的矛盾，几乎能够唤起所有人的共鸣——肉体受制当下，心灵追随远方，此事古难全。

元代袁宏道在《孤山小记》中说道：“我辈只因有了妻子，便惹许多闲事，撇之不得，傍之可厌，如衣败絮行荆棘中，步步牵挂……”这是句实话，只是过于直白，引儒士侧目。古人云：“饥而思食，壮而思室。”如果生存与繁衍这两大基本需求，已经衍生出许多烦恼，那么诡谲凶险的政治、穷通难测的命运、翻云覆雨的人情、销骨铄金的物议、熙来攘往的名利……对于心灵的窒息和摧折，就更不必提了。

作为血肉之躯的庄周，他的苦恼也是一样的。他生逢乱世，命若飘萍蓬，贫穷困顿到向人借米糊口的地步，就肉身而言亦属弱者，“曳尾于涂中”不失为对他人间形躯的形象写照。但不同的是，他不愿像梭罗所说的“大多数人”那样“过着一种平静而绝望的生活，他们心中的歌和他们一起埋入坟墓”。“不为轩冕肆志，不为穷约趋俗”，是他为避免被外在价值系统异化而做出的主动选择，“他要在权力结构的笼罩下保持人格的独立，保持无欲则刚的心灵和清醒的头脑，避免沦为工具价值或市场价值”。可以说，“他是整个世界思想史上最深刻的抗议分子”，他发出了“世界思想史上最早的反异化的呼声”。

《庄子》一书，开篇即为《逍遥游》。“逍遥游”，即《让王》篇所谓“逍遥于天地之间，而心意自得”，其理论本质为“精神高于物外”。既然形躯的超脱不可实现，那么人能够追求也应该追求、必须追求的，就只能是人格的独立和精神的自由，这构成庄子哲学的核心内容和基本特征。

“《逍遥游》一篇，从‘小大之辩’的讨论开始，又讲到‘无用之大用’，最后是逍遥游的精神境界。这样就将所谓‘用’，或者说世俗意义上的大、小的对立关系都一并超越了。”

林云铭在谈到《逍遥游》时说道：“‘大’字是一篇之纲。”“北冥有鱼，其名为鲲。鲲之大，不知其几千里也。化而为鸟，其名为鹏，鹏之背，不知其几千里也；怒而飞，其翼若垂天之云……”《逍遥游》开篇，便给人看到别开生面的不凡气象，其生命力之蓬勃浩瀚，令人精神为之一振。用司空图的话来形容，真乃“天风浪浪，海山苍苍，真力弥漫，万象在旁”。“大”，不仅言形体之大，更意在强调精神境界之博大无碍、气象恢宏。庄子在这里提醒人们：超越形体与眼界、格局的狭隘桎梏，以宇宙视角俯瞰人间，那么人世间赖以存在的种种价值规范都将显得狭“小”和有限，而无限浩瀚、广阔无垠的，只有高蹈不羁的心灵与精神。正如尼采所说：“人生是污秽的河流，要想容纳这川流而不失其洁净，人必须成为大海。”

《逍遥游》中所阐释的另一大问题是“有用”与“无用”。文中以樗树譬喻，言世俗眼光认为“大而无用”的东西，未必无用。正因为世俗标准是功利的、狭隘的，才不能认识“大”

者之用或曰“无用”之用。“何不树之于无何有之乡，广莫之野，彷徨乎无为其侧，逍遥乎寝卧其下。”在此，庄子对世俗的社会价值提出反省性批评，进而进行解构，开创性地实践了后世尼采所谓的“价值重估”与“价值转换”。同时，他“淡化了‘无为’的政治内涵，将它转化为个体生命所能达到的逍遥自适的心境”。“樗树”不是通过取悦于现有的价值观，建立现世功业，从而获得某种程度的个体独立，而是通过对现世价值的绝不妥协与无限舍弃，从精神上实现对现实的超越。正如庄子思想，貌似不能经世致用，却恰恰具有将人类的精神从局限和困苦中解脱出来，令人“日用而不知”的大“用”。如果说“天不生仲尼，万古如黑夜”，那么如果天不生庄周，万古将如白昼，人们将被“有为”的鼓点所驱策，不停地为现实利害奔走，而听不到黑夜里深沉的耳语，无处抚慰于枷锁中哭泣的灵性。

“逍遥游”可以理解为人在超越了有形世界的限制后所达到的一种境界，“逍遥”和“无待”可以互相说明。章太炎指出，庄子“自由”观念的真谛体现在“无待”这个概念上。什么是“无待”呢？按照道家的思想逻辑，“无”是“有”的对反，“无待”就是“有待”的反面，列子御风、鹏鸟展翅，终究有待于“风”，由不得自己，还不能算是真正意义上的“自由”。只有“无待”，摆脱一切“物役”，“物物而不为物所物”“背负青天，而莫之夭阏者”，才谈得上“自由”，才能与整个自然宇宙合而为一，成为“大浸稽天而不溺，大旱金石流，土山焦而不热”“御六气之辩，以游无穷”的“至人”“真人”“神人”，而这也是庄子哲学的制高点。“逍遥游”是一种诉诸内在超越的精神自由，也是一种绝对自由。至此，所谓大小、有无等有限的、相对的概念和对立关系，也一并超越了。

在人生的困蹇苦涩中，庄子以超越现实的绝对自由精神、“逍遥游”的心灵姿态与审美意境，令中国文化拥有了一个恬然自适、雍容宽闲的侧面，给予后世深沉的心灵慰藉；他以大开大合、奔腾浩瀚的胸襟气魄，超然物外、独与天地精神往来的格局境界，实现着对世俗生活和精神困境的伟大超越。其哲思历三千年而开枝散叶、流荡不绝：“中国哲学史上的重要论题和基本概念很多都是由庄子引发，庄子思想的原创性和内涵的丰富性，在中国哲学史上的重要地位是无人能及的。……庄子哲理之思和美感体验贯穿于文学、艺术、美学等多个领域，最终汇合成为中国文人群体的庄子式的生活方式。”以至连似乎最体现儒家关切现实、匡救时世之精神的文学斗士鲁迅也曾说：“我们虽挂孔子的门徒招牌，却是庄子的私淑弟子。”

本文作者：黑龙江省哈尔滨市萧红中学　母　丹

第二章

『仁者见仁，智者见智』

——遐思两汉六朝

4.短歌行

曹操

对酒当歌，人生几何！
譬如朝露，去日苦多。
慨当以慷，忧思难忘。
何以解忧？唯有杜康。
青青子衿，悠悠我心。
但为君故，沉吟至今。
呦呦鹿鸣，食野之苹。
我有嘉宾，鼓瑟吹笙。
明明如月，何时可掇？
忧从中来，不可断绝。

越陌度阡，枉用相存。
契阔谈讌，心念旧恩。
月明星稀，乌鹊南飞。
绕树三匝，何枝可依？
山不厌高，海不厌深。
周公吐哺，天下归心。

一曲求贤的忧歌

——浅议曹操《短歌行》之深沉忧思

文学家苏轼在《前赤壁赋》中这样描写曹操写《短歌行》的情景“酾酒临江，横槊赋诗”。小说家罗贯中在《三国演义》第四十八回描写道：时操已醉，乃取槊立于船头上，以酒奠于江中，满饮三爵，横槊谓诸将曰：“我持此槊，破黄巾、擒吕布、灭袁术、收袁绍，深入塞北，直抵辽东，纵横天下：颇不负大丈夫之志也。今对此景，甚有慷慨。吾当作歌，汝等和之。”他们都认为《短歌行》都写于赤壁之时，那时曹操53岁，也就是公元208年。然而，据南京师范大学王青教授考证，上述“纯属小说家言，完全靠不住”。他认为《短歌行》应作于建安二十一年五月，那一年曹操已经62岁。

我认同此观点。虽说从诗意上讲，《短歌行》是曹操反复申说时不我待的焦虑，求贤若渴的心情和建功立业的决心。但就曹操身边的贤人才来看，我认为这首诗不单是他求贤若渴，更是他晚年内心对贤才深沉的忧思。

忧思贤才之一：不为己用

典型人物就是徐庶。歇后语说："徐庶进曹营——一言不发。"徐庶是东汉末年刘备帐下的谋士，后归曹操，并仕于曹魏。徐庶仕于曹魏并非本心，因其母被曹军所俘获，迫于保全母亲的形势，才辞别刘备，前往曹营。曹操虽然让徐庶来到他身边，但徐庶一直没有发挥他的才能，效力于曹操。以致后来（太和二年，公元228年，此时曹操已逝8年）诸葛亮率军北伐，听闻徐庶与石韬（郡守、典农校尉）官职都不太高，于是感叹道："难道是魏国的谋士太多了吗？为什么不重用徐庶与石韬两人呢？"徐庶在曹魏可谓平庸，但对刘备集团而言功劳很大，因为是他推荐了诸葛亮。曹操重人才，爱人才，甚至用"青青子衿，悠悠我心。但为君故，沉吟至今"男女之情来喻君臣关系，可人才不为我所用，怎能不令他深感忧虑？

忧思贤才之二：英才早逝

郭嘉辅佐曹操十一年，被曹操称作“奇佐”之才。曹操与郭嘉一见如故，共论国家大事之后，“太祖曰：‘使孤成大业者，必此人也。’嘉出，亦喜曰：‘真吾主也。’”（《三国志·郭嘉传》）在曹操与袁绍对峙不利的局面时，郭嘉提出了著名的“公有十胜，绍有十败”的论述。郭嘉的分析有礼有节，不但振作了曹军将士的斗志，更是提出了作战的长远规划。此后郭嘉一直追随曹操东征西讨，运筹帷幄。在曹操危困之时，郭嘉总是能提出好的主意，来解除危困之局。就是这样的王佐之才，他在曹操征伐乌丸时病逝，年仅38岁。在赤壁失败之后，曹操失声痛哭：“哀哉奉孝！惜哉奉孝！痛哉奉孝！”他也曾说过“上为朝廷悼惜良臣，下自毒恨丧失奇佐”。也正如《短歌行》：“明明如月，何时可掇？忧从中来，不可断绝。”曹操用“明月”喻人才，如郭嘉一样君臣相知相惜，可惜英才早逝，不能一统天下，所以“忧思不绝”。

忧思贤才之三：贤才彷徨

魏、吴、蜀三国不仅有雄主，还有相匹敌的贤才。曹操的一生也是识英雄重英雄的，在刘备寄居曹操篱下时，曹操曾对刘备说："今天下英雄，惟使君（刘备）与操耳。"（《三国志·蜀书。先主传》）《吴历》曰："……权行五六里，回还作鼓吹。公见舟船器仗军伍整肃，谓然叹曰：'生子当如孙仲谋！若刘景升儿子，豚犬耳！'"（《三国志·吴志·吴主传》）由此可见，曹操对孙权、刘备是惺惺相惜。在赤壁之战失败后，更是看出吴、蜀两国人才可畏！曹操失败后为自己辩解："赤壁之役，值有疾病，孤烧船自退，横使周瑜虚获此名。"（《与孙权书》）此中我们可以看到曹操已经认识到人才的重要性。所以，在《短歌行》中，曹操发出深沉呼唤"月明星稀，乌鹊南飞。绕树三匝，何枝可依？"在月朗星稀的晚上，看到乌鹊南飞，不禁忧从中来。那些寻找用武之地的贤才们，那些壮志未酬的贤才们，那些无所适从的贤才们，你们一定要"良禽择木而栖，贤臣择主而事"。

曹操以政治家的睿智，审时度势，客观冷静地告诉贤才们慎重选择何去何从。同时也暗示“我”就是贤才们的最佳选择，因为“我”兵多将广，疆域辽阔，中原逐鹿舍“我”其谁！“何枝可依”更是语重心长，饱含深情告诉贤才们“见机不早，悔之晚矣”，将铸成大错。这四句看似求才若渴，实乃曹操“老骥伏枥，志在千里。烈士暮年，壮心不已”的苦闷。

忧思贤才之四：才为己用

赤壁之战失败后，孙刘势力强大，三足鼎立的局面已经形成，曹操想一统天下的雄心壮志难以称心。此后曹操三次下达“求贤令”，可见其求才若渴的心情，其中最著名最率真的是公元210年的《求贤令》：

“自古受命及中兴之君，曷尝不得贤人君子与之共治天下者乎？及其得贤也，曾不出闾巷，岂幸相遇哉？上之人求取之耳。今天下尚未定，此特求贤之急时也。

……

二三子其佐我明扬仄陋，唯才是举，吾得而用之。”

可就是这样一篇简洁明了形象生动、“唯才是举，吾得

“明明如月”四句由于求才不得，诗人不禁产生忧愁，这种忧愁无法排解，诗人把寻求贤才生动地比作“欲上青天揽明月”，借以表明求贤不得的苦闷和忧思。

古人留下许多抒发愁绪的诗句，如“问君能有几多愁？恰似一江春水向东流”“天长地久有时尽，此恨绵绵无绝期”“抽刀断水水更流，举杯消愁愁更愁”“此情无计可消除，才下眉头，却下心头”，等等。这些诗句中的愁，更多的是关乎自身的命运，或许愁很多很浓很深很重，但曹操的诗中愁与之相比，多了许多醉人的的悲壮。《短歌行》既有对人生苦短功业未成的忧虑，又有渴望贤才善待贤才的拳拳赤诚；既有未得贤士的悠悠沉吟，又有踌躇满志希望天下归心的雄心壮志。全诗将追求中的苦闷悲凉、广揽人才的宏伟气魄和建功立业的昂扬精神融合为一体，真可谓一曲忧愁悲壮之歌。

二、殷切求贤之歌

《短歌行》又是一曲“求贤歌”，表明了曹操对贤才的殷切渴求之情。

1. 曹操的求贤之心是急切的

面对“人生几何！譬如朝露，去日苦多”的短暂岁月，曹操渴望着能早日统一天下，渴望着有多多的贤才来帮助自己完成这一志愿，为此“忧思难忘。何以解忧？唯有杜康”，为此“明明如月，何时可掇？忧从中来，不可断绝”，真可谓“夙夜庶几，求贤若渴，冀与公共治天下，以致太平”。

2. 曹操的求贤之心是周到的

“青青子衿”四句是《诗经·郑风·子衿》中的话，写一个姑娘在思念她的爱人，其中有：“青青子衿，悠悠我心。纵我不往，子宁不嗣音？”曹操说“青青子衿”两句，固然是比喻对“贤才”的思念；但更重要的是隐掉的两句：“纵我不往，子宁不嗣音？”这是曹操含蓄地提醒贤才：“就算我没有去找你们，你们为什么不主动来投奔我呢？”这一层意思体现出曹操“求才”之心真是太周到了。

不仅如此，诗中还流露出对贤才的关心和体贴。“月明星稀”四句是指那些犹豫不定的人才一时无所适从，所以曹操以乌鹊绕树、“何枝可依”之景来启发他们，不要三心二意，要善于择枝而栖，赶紧到“我”这一边来。对那些犹豫彷徨的人，曹操不仅丝毫未加指责，反而在浓郁的诗意中透露着对这些人的关心。“明明如月”等十六句说“贤才”已经来了不少，“我们”合作得很融洽；然而“我”并不满足，“我”仍为求贤而发愁，希望有更多“贤才”到来。天上的明月常在运行，不会停止；同样，“我”的求贤之思也是不会断绝的，后来者不要顾虑“人满为患”，真可说曹操对贤才们太体贴了。

3. 曹操的求贤之心是诚挚的

曹操待贤以礼。曹操引用《诗经·鹿鸣》中“呦呦鹿鸣”四句，来诉说宾主欢宴的情景，是说只要贤才们到“我”这里来，“我”一定会待以“嘉宾”之礼。“明明如月”八句即为求贤而愁，又表示要待贤以礼。

曹操待贤以诚。诗歌后四句披肝沥胆，希望人才都来归“我”。“周公吐哺”是说周公为了接待天下之士，有时洗一次头，吃一顿饭，都曾中断数次，很好地突出了曹操待贤以诚之心。“山不厌高”二句极有说服力地表现了人才越多越好，绝不会有“人满之患”，曹操是以一颗真诚之心来打动心有顾虑的贤才。

三、匡国济时之歌

《短歌行》更是一曲匡国济时之歌。

“出民于水火，解民于倒悬”是每一个时代英雄的心愿，于曹操而言，亦如此。匡国济时是其追求，也是其使命。

1. 匡国济时之心，早而有之

为国事而不畏强权，初现匡国济时之心。20岁的曹操被举为孝廉，入京后被任命为洛阳北部尉。曹操一到职，就严肃法纪，造五色大棒十余根，悬于衙门左右，“有犯禁者，皆棒杀之”。不畏强权棒杀皇帝宠幸的宦官蹇硕的叔父蹇图。于是，“京师敛迹，无敢犯者”，这体现出曹操匡国济时的英雄本色。

匡国济时，挽救危局，安定社会，这是曹操生命的主旋律。汉末社会动乱，广大人民苦难深重、流离失所，甚至连最基本的生存权利都无法保障。面对这种局面，曹操用人唯才是举，不论出身；以汉天子的名义征讨四方，对内消灭二袁、吕布等割据势力，对外降服南匈奴、乌桓等，统一了中国北方，并实行一系列政策来恢复经济生产和社会秩序，这一切奏响了曹操生命的主旋律。

壮士暮年，法古遗风，美名长存。曹操在孙权擒杀关羽、取得荆州之后，表孙权为骠骑将军、荆州牧。孙权遣使入贡，并劝曹操取代汉朝自称大魏皇帝。曹操将孙权来书遍示说：

“是儿欲踞吾著炉火上耶！若天命在吾，吾为周文王矣。”诗中“周公吐哺，天下归心”也无疑是向世人表明自己的心迹，曹操为自己的一生画了一个完美的句号——乃一代匡国济时忠臣。

2. 匡国济时之心，耳顺之年尤为迫切

曹操深知人才乃匡国济时的基石，因此很重视人才建设，曾先后三次发布《求贤令》，提倡唯才是举的人才战略，许昌的荀彧等一大批名士会聚在他的麾下，英才云集，共创鼎盛大业。曹操的一系列重大决策行动，几乎都有谋士的参与，如初平三年，毛玠就向曹操提出了“奉天子以令不臣，修耕植以畜军资”的战略性建议，曹操深以为是；建安元年，采纳枣祗的建议，在许下募民屯田，当年即大见成效，得谷百万斛；官渡对峙听取许攸火烧乌巢的建议，而这恰恰是战役取胜的关键。

耳顺之年，人生无几，尤需大量贤才来帮助自己完成匡国济时之志。《短歌行》大约作于赤壁之战前后，即公元208年前后，此时的曹操应是63岁左右，人生已到暮年，想到已没有多少时光留给自己，又怎能不忧愁。与其说曹操为贤才而忧愁，倒不如说是为自己而忧愁，忧愁自己匡国济时的人生大业。

《短歌行》与其说是一曲忧愁之歌，是一曲求贤之歌，倒不如说是一曲匡国济时之歌，这是曹操匡国济时之殷情，这是曹操匡国济时之宣言。

本文作者：黑龙江省绥芬河市高级中学　王立敏

深沉的追问，慷慨的回声

——读《短歌行》

曹操的代表作《短歌行》蕴含着重要的三问：人生几何？何时可掇？何枝可依？细思这三问，它包含着对生命的探索，对现实的思考，对未来的执着。而隐在诗歌中的答案，则袒露着曹操的理性觉醒、雄心壮志与博大的情怀。

一、人生几何——向死而生的清醒与抗争

“对酒当歌，人生几何？譬如朝露，去日苦多。”这短短十六个字，写尽了千古以来人生的幻灭感。美酒欢歌，美好的时光总是稍纵即逝。生命短暂，相对于亘古的历史、浩

瀚的宇宙，个体生命无不“寄蜉蝣于天地，渺沧海之一粟”。生命无常，何况是在东汉末年那个多事之秋！黄巾起义之后，整个东汉社会日渐动荡：各地军阀割据一方，战祸不断；疾疫流行，死亡枕藉。“旧土人民，死丧略尽，国中终日行，不见所识。”（曹操《军谯令》）“铠甲生虮虱，万姓以死亡。白骨露于野，千里无鸡鸣。”（曹操《蒿里行》）亲眼所见的一幅幅凄惨的社会图景，“使吾凄怆伤怀”。（曹操《军谯令》）所以“人生几何”的诘问，不仅反映了曹操对生命个体本身的忧虑，而且还扩展到对生命个体之外的人生、社会，甚至自然和宇宙的忧虑。“生年不满百，常怀千岁忧”，生命无常，人生易老，本来就是古往今来的一个普遍命题。此刻，这种慨叹又融合了时代的投影，更变得深重沉郁。

曹操把它放在诗歌的首句，说明他重视生命，看重生死。曹操在审视生命，审视现实。在这种审视探寻下，“个人存在的意义和价值就突出来了，如何有意义地自觉地充分把握住这短促而多苦难的人生，使之更为丰富和满足，便突出来了。这实质上标志着一种人的觉醒。当人觉醒时，面对‘人生短暂’这个必然的结局，会去重新发现、思索、把握和追求人的生命、价值和意义”。因为当你无限接近死亡，你才能体会生的意义。《短歌行》前四句看似悲观消极的慨叹中，其实深藏的是对生命和生活的强烈欲求和留恋。正如在《龟虽寿》里，曹操写道“神龟虽寿，犹有竟时。腾蛇乘雾，终为土灰。老骥伏枥，志在千里；烈士暮年，壮心不已”。这就是曹操对“人生几何”的正视和解答，也是向死而生的清醒与抗争。这个追问是超越有限个体生命的起点。所以曹操接下来说：“慨当以慷，忧思难忘。”即慷慨而活，但忧思难忘。这里的“忧”，不再是对生命短暂的执着，而是对人生极力追求的幽思，是直面惨淡人生，不回避人生矛盾的不屈精神，深沉而博大。

二、何时可掇——怀思追寻的美好与执着

“何以解忧，唯有杜康。”为什么无法解忧呢？因为“青青子衿，悠悠我心。但为君故，沉吟至今”“明明如月，何时可掇。忧从中来，不可断绝。”这里的“青青子衿”“明明如月”都是作者思慕的对象。通常认为“明月”和“子衿”都是指曹操渴慕的贤才。叶嘉莹先生认为此诗中“子衿”是指刘琦、刘琮兄弟，“明月”指的是“刘备”。不管是指什么，

我们都可读出曹操思慕的诚挚之心。“青青子衿”“明明如月”意象纯净明亮，选词典雅，也映射出曹操内心的纯粹坦荡。而“沉吟至今”“何时可掇”，则可见曹操的坚持与执着。“我有嘉宾，鼓瑟吹笙”与“契阔谈讌，心念旧恩”这些生动的互动场景也让我们看到了横槊赋诗的曹操内心流动的热情与情义。曹操的这些诗句都是根植于现实的土壤，每一句都是真感情的流露，可谓胸襟坦荡真率，明明如月。

三、何枝可依——人生格局的高度与广度

对于“何枝可依”四句，历来有不同解读，传统解读是说人才在择木而栖。何绍明在《〈短歌行〉诗旨新探》中认为这四句不是说人才的犹疑彷徨、无所托身，而是曹操以武王自比，希望能用革命力争的方式来结束割据状态，体现其实现天下一统的极强意志。我认为这是一种孤独的徘徊，像是他自己。作为政治家，他有着“天下归心”的宏图大业，也有着海纳百川的胸襟，但同时有一种生命无所依靠的孤独感。曹操曾在《让县自明本志令》中写道“设使国家无有孤，不知当几人称帝，几人称王！”所以，“周公吐哺，天下归心”

既是其内心愿景也是坚定的信念，更是一种情怀。这种情怀通过不厌其高的山、不厌其深的海来形象表达，更让人感受到魏武帝《观沧海》中的襟怀“日月之行，若出其中。星汉灿烂，若出其里”。人的心能观照山海，自然能胸怀天下，所以“山不厌高，海不厌深”让我们看到曹操的人生格局是山与海一般的高度与广度。

通过以上解读，我们发现，《短歌行》在深沉的追问思索中，一直在给予个体生命，给予社会现实慷慨的回声，所以全诗在深沉的忧郁之中始终激荡着一股慷慨激昂的情绪，一种积极进取的精神，一种舍我其谁的态度。这种进取精神是那个时代的支撑，是真正让纷乱时代徘徊无依的“乌鹊”得以依傍的“良枝”，因其博大雄浑，故能不辞壤土，不弃细流，最终成就另一种生命的广度与高度。

本文作者：内蒙古自治区通辽实验中学　毕欣然

5. 出师表

诸葛亮

先帝创业未半而中道崩殂，今天下三分，益州疲弊，此诚危急存亡之秋也。然侍卫之臣不懈于内，忠志之士忘身于外者，盖追先帝之殊遇，欲报之于陛下也。诚宜开张圣听，以光先帝遗德，恢弘志士之气，不宜妄自菲薄，引喻失义，以塞忠谏之路也。

宫中府中，俱为一体，陟罚臧否，不宜异同。若有作奸犯科及为忠善者，宜付有司论其刑赏，以昭陛下平明之理，不宜偏私，使内外异法也。

侍中侍郎郭攸之、费祎、董允等，此皆良实，志虑忠纯，是以先帝简拔以遗陛下。愚以为宫中之事，事无大小，悉以咨之，然后施行，必能裨补阙漏，有所广益。

将军向宠，性行淑均，晓畅军事，试用之于昔日，先帝称之曰能，是以众议举宠为督。愚以为营中之事，悉以咨之，必能使行阵和睦，优劣得所。

亲贤臣，远小人，此先汉所以兴隆也；亲小人，远贤臣，此后汉所以倾颓也。先帝在时，每与臣论此事，未尝不叹息痛恨于桓、灵也。侍中、尚书、长史、参军，此悉贞良死节之臣，愿陛下亲之信之，则汉室之隆，可计日而待也。

臣本布衣，躬耕于南阳，苟全性命于乱世，不求闻达于诸侯。先帝不以臣卑鄙，猥自枉屈，三顾臣于草庐之中，咨臣以当世之事，由是感激，遂许先帝以驱驰。后值倾覆，受任于败军之际，奉命于危难之间，尔来二十有一年矣。

先帝知臣谨慎，故临崩寄臣以大事也。受命以来，夙夜忧叹，恐托付不效，以伤先帝之明，故五月渡泸，深入不毛。今南方已定，兵甲已足，当奖率三军，北定中原，庶竭驽钝，攘除奸凶，兴复汉室，还于旧都。此臣所以报先帝而忠陛下之职分也。至于斟酌损益，进尽忠言，则攸之、祎、允之任也。

愿陛下托臣以讨贼兴复之效，不效，则治臣之罪，以告先帝之灵。若无兴德之言，则责攸之、祎、允等之慢，以彰其咎；陛下亦宜自谋，以咨诹善道，察纳雅言，深追先帝遗诏，臣不胜受恩感激。

今当远离，临表涕零，不知所言。

相国好做，相父难为

读《陈情表》不哭者为不孝，读《出师表》不哭者为不忠，可见其文感人至深。“出师一表真名世，千载谁堪伯仲间”，出师一表赢得了无数后世人赞誉，人们在读《出师表》时，不仅赞赏其文的至情至理，更赞美其人的至忠至诚，作者的生平所为与文章的内容形成完美的融合，成就了一段佳话。

无论在中国历史上，还是在民间，诸葛亮向来是位大红大紫的风云人物，是一个绝好相国。在《三国演义》中，诸葛亮作为蜀汉丞相，被描述为半仙之体，可以呼风唤雨，撒豆成兵，成了公认的智慧神的最杰出化身。而《三国志》中的诸葛亮，更比较客观真实些，是一代才华出众的杰出名相，作为谋士、师爷、军师、丞相的诸葛亮，为辅佐刘备，在血雨腥风中打出了三足鼎立的天下，建立了蜀国，战功赫赫，可谓立下了汗马功劳！

诸葛亮的智慧无人能敌，堪比管仲乐毅；勤政为国无人能敌，真是“鞠躬尽瘁死而后已”。“报先帝，忠陛下”，他是一个无比忠贞之臣，也是一个万分感恩之士。然而，在刘备白帝城托孤辞世后，诸葛亮以相父身份，辅佐幼主刘禅之时，虽然把蜀国治理得相当不错，提高了国力与军力，政绩辉煌卓然。但诸葛亮此时也出现了重大的失误，埋下了蜀国亡国的祸根——他忽视了对刘禅从政素质的培养与锻炼。“子不教，父之过”，刘禅日后的腐败昏庸无能，身为相父的诸葛亮是难辞其咎的。

写《出师表》时诸葛亮 46 岁，刘禅 20 岁，距离刘备托孤已 4 年。在这几年中，刘禅虽然继位，但并不自立，根本还没达到做国君的要求，更不具备治理国家的能力。排除刘禅先天的原因，后天对他的教育、引导不够，是导致其孱弱无能的根本原因。诸葛亮在表文当中充满了忧虑，就像一个不放心的家长嘱咐即将远行的孩子，更不亚于刘备的托孤。按理，大将出征，给皇帝上表，应多表决心，多谈歼敌策略，而诸葛亮的表文中却不谈这些，似乎有一千个不放心。那么，他为什么如此忧虑呢？“知子莫若父”，诸葛亮对刘禅的能力了如指掌。刘禅存在哪些不足，哪些方面需要加强，表文中都有侧面体现。“宫中府中俱为一体，陟罚臧否不宜异同”，可看出刘禅对事情缺乏明断，制度不严，赏罚不公；“将军向宠，性行淑均，晓畅军事，试用之于昔日，先帝称之曰能，是以众议举宠为督”，可变相看出刘禅不会识人用人，此乃统治者大忌；“亲贤臣，远小人”可看出刘禅缺乏是非判断，奸忠难辨；“此诚危急存亡之秋也”更能看出刘禅对蜀国目前严峻的形势和未来的走势没有任何预见。这样的君主怎能兴复汉室，怎么不令人担忧？

勤奋精明的家长，懒惰无能的孩子。这样的家庭组合常会出现，究其原因，就是家长在教育上出了问题。诸葛亮整日为国事操劳，不可谓不勤劳；神机妙算，不可谓不精明。刘备托孤后，诸葛亮实为蜀国不是皇帝的皇帝，摄军政大权于一身，独立支撑着蜀国大厦，很多事情全权代劳，不给刘禅锻炼的机会，不注重刘禅能力的培养，最终导致的结果，必然是使其变成“扶不起的阿斗”。

历朝历代对王朝继承人的教育都十分重视，都会选全国最有学问最贤能的人做继承人的老师，蜀汉也不例外。然而给皇子做老师还好办一些，但皇子变身皇上之后，事情就不好办了，老师的身份就很尴尬。君就是天，臣就是地，等级观念不容掺杂别的东西。刘禅虽称诸葛亮为相父，但诸葛亮却不敢以“父”自尊。诸葛亮一生谨慎，尤其是受刘备托孤之后，总揽朝中一切事务，更不敢有越格之想，更不能因自己的举动让别人说出闲话，诸葛亮此时很难做，所以我们看出师表中的话语，“今当远行，临表涕零”，更像是一个家长苦口婆心地嘱咐不太懂事的孩童，交代的事可谓面面俱到，唯恐遗漏。

纵观历史，小皇帝初立，要么太后垂帘，要么权臣辅政，而能把小皇帝成功立起的不多。西汉霍光，受先王托孤，敢为废立之事，小皇帝不听话就换掉，够狠够绝；大清太后慈禧，把光绪帝攥在手中，使之动弹不得，够毒够辣。这两者，诸葛亮都是做不来的，他们都违背了先王的初衷，都没有尽到辅佐的职责。而像窦太后扶起汉武，孝庄扶起康熙，这样的成功案例不多。然窦太后与孝庄太后都与小皇帝有血缘关系，是真正的长辈，这一点诸葛亮自然比不了。按照中国人的传统思维来说，有了血缘关系就是有了一种信任，没有血缘关系自然就会感到有段距离，再加之君臣之间这种特殊的地位差别，所以托孤大臣有时并非不想尽责，而是各种观念的因素令其不敢放开去做，束手束脚是难免的，诸葛亮也不例外。我们再看中国封建王朝对皇帝的问题处理上唯一的办法就是“谏”，没有其他办法。在一人独大的时代，权大于法，君权至上的观念高于一切制度，皇上圣明那还可以听进去，还能去解决问题，但又有几个如李世民般开明？能听一听就已经不错了。大臣说的做的稍稍过分一点，不仅别人会说其有篡逆之为，就是自己内心也会认为是大逆不道。所以产生的结果要么是篡位，要么就是听之任之。诸葛亮肯定意识到了刘禅的不足，但公务的繁忙让他无暇顾及小皇帝的教育，更不可能制定出一套可行的教育方法，所以只能是遇事多啰嗦两句，权当教导了。至于小皇帝听不听，那绝不是诸葛亮能控制的。

刘备托孤于诸葛亮，我想刘备也并不是让刘禅“吃饱睡好”而已，而是至少让蜀汉政权得以延续，占据一方，从这个角度来说，诸葛亮对刘禅的“扶起”是失职的。

《出师表》中十三次提到“先帝”，几乎每说一层意思就提一次，推荐人才时说“先帝简拔以遗陛下”“先帝称之曰能”；劝谏亲贤远小时说“先帝在时，每与臣论此事”；

说职责时“先帝知臣谨慎，故临崩寄臣以大事”；表决心时说“不效则治臣之罪，以告先帝之灵”……如此频繁提先帝，到底为何？其实这背后一方面体现的是诸葛亮对刘备的忠诚，更主要的是能看出诸葛亮的难处。面对皇帝，而且是一个如此无能的皇帝，他这个“相父”实在不好办，说深了不行，诸葛亮的为人绝不会做出些许不敬之举，说浅了又等于没说，既然之前就没有好好教育，现在只能频频把“先帝”搬出来，以期达到更佳的效果。就像一个妈妈在管不听话的孩子时常打别人的旗号说“等你爸回来的”“你们老师说了……”以期有点作用，可是这种做法实在是没有什么效果。

纵观诸葛亮的一生，我们看到的是一个合格“相国”。但细览《出师表》全文，我们看到的，更多的是诸葛亮的难处，这个“相父”实在是难为。

本文作者：黑龙江省大庆市第一中学　曾　娟

一片忠心昭日月

诸葛亮，字孔明，是三国时期杰出的政治家和军事家。建安十二年（公元 207 年）十月，刘备三顾茅庐，始出。此后一直辅佐刘备，建立蜀汉，拜为丞相。建兴五年（公元 227 年），率诸军北驻汉中，准备伐魏，夺取中原。出发前，他给刘禅写了这篇《出师表》，这篇奏章写尽了诸葛亮对蜀汉和刘氏父子竭忠尽智的感情。

一、从蜀汉的振兴措施看忠心

文章从“先帝创业未半而中道崩殂”写起，流露出诸葛亮对刘备“中道崩殂”的痛惜之情。“今天下三分，益州疲弊，此诚危急存亡之秋也”分析了当时的严峻形势。公元227年，是曹魏太和元年，蜀汉建兴五年，东吴黄武六年。曹魏国力最强，孙吴次之，而蜀汉最为弱小，民力困乏。在这种危难关头，诸葛亮以丞相府的名义承担了蜀汉的全部实际责任，对内严明法纪，奖励耕战；对外安抚戎羌，建兴三年（公元225年），诸葛亮率众南征，七擒孟获，抚定西南少数民族地区，又东联孙吴，积极准备北伐曹魏。经过几年的努力，蜀国力量有所加强，呈现“国以富饶”“风化肃然”的局面，于是诸葛亮率军北驻汉中（今陕西省汉中市），以图中原。这一系列的措施和成效既显示诸葛亮的工作能力，更显其忠心为国的情怀。

二、从三条建议看忠心

《出师表》中共提出了三条建议，第一条建议广开言路。“诚宜开张圣听，……不宜妄自菲薄，引喻失义，以塞忠谏之路也。”诸葛亮认为，帝王实在应该广泛地听取意见，不应该随便看轻自己，说一些不恰当的话，以致堵塞人们忠言劝谏的道路！历来王朝的灭亡，很多是因为统治者不纳忠言：

商纣王不听比干的忠言，商朝被周所灭；吴王夫差不听伍子胥的忠言，吴国被越国所灭；召公劝谏周厉王说，为政必须注意老百姓的意见，“防民之口，甚于防川”，周厉王不听，被人民流放到边远地区。诸葛亮深刻认识到纳谏对于治国的重要性，于是首先向后主提出了广开言路的建议。

“宫中府中，俱为一体，陟罚臧否，不宜异同。若有作奸犯科及为忠善者，宜付有司论其刑赏，以昭陛下平明之理，不宜偏私，使内外异法也。”诸葛亮建议，宫廷和相府对官员奖惩应有统一的标准。如有做奸邪事情犯法律条文的人，或做了好事对国家有贡献的人，都应该交给主管官吏来评定对他们的惩奖，显示陛下公正严明的治理；不应该有所偏袒和私心，使朝廷内外刑赏的法令不同。如果国君跟宫中亲近，跟府中疏远，有所偏私，则国家政局必乱。国君不要干预司法，依法治国才能使国家机器进入正常运转的轨道。这是诸葛亮提出的第二条建议：严明赏罚。

“侍中、侍郎郭攸之、费祎、董允等，此皆良实，志虑忠纯，是以先帝简拔以遗陛下。”“将军向宠，性行淑均，晓畅军事，试用之于昔日，先帝称之曰能，是以众议举宠为督。”诸葛亮向后主举荐可信任的文官，强调了思想品德条件；又向后主举荐可靠的武将向宠，评其人品，赞其才能。强调所荐者是先帝选拔和赞誉的，旨在提醒刘禅要充分信任和依靠他们，这样才能“裨补阙漏，有所广益”“行阵和睦，优劣得所”，这是诸葛亮提出的第三条建议：亲贤远佞。

诸葛亮知道刘禅庸碌无能，害怕他不能亲贤远佞，又列举了东汉桓帝和灵帝因为信任宦官而加深了政治腐败的事例。“亲贤臣，远小人，此先汉所以兴隆也；亲小人，远贤臣，此后汉所以倾颓也。”正反对比，说明国家的兴隆与倾覆，关键在于是否任人唯贤，因此他反复叮嘱刘禅亲贤远佞。三条建议当中，亲贤远佞是国家得以长治久安的根本。

三条建议，都是从治理国家的高度出发，以国家利益为衡量标准。且诸葛亮荐贤时，任人唯贤，不是任人唯亲，表明了自己的用人和治国理念，可见其赤胆忠心，毫无私心。

三、从诸葛亮的志向看忠心

当今曾经出现过诸葛亮可不可以取刘禅而代之的争论，答案是绝不会。《出师表》中诸葛亮曾自述本志：“臣本布衣，躬耕于南阳，苟全性命于乱世，不求闻达于诸侯。”

诸葛亮家在南阳郡邓县的隆中山，他只想在乱世里苟且保全性命，并不想在诸侯中做官扬名。文中多次写道“汉室”：“汉室之隆，可计日而待”“兴复汉室，还于旧都”……可见他的志向仅仅在于兴复汉室，回到旧都洛阳，达成报答先帝忠于陛下的愿望。

诸葛亮在《诫子书》中说：“静以修身，俭以养德，非淡泊无以明志，非宁静无以致远。”主张看清世俗的名利，依靠“俭朴”“淡泊”“宁静”来修养身心，培养品德。综上可见，诸葛亮绝无想当皇帝之心，他一生兢兢业业，死无剩财，子孙为国战死，如果想称帝，绝不至此。

四、从文中的大事看忠心

文中穿插写了“夷陵兵败而临危受命”和“临崩托孤”的大事。“后值倾覆，受任于败军之际，奉命于危难之间，尔来二十有一年矣。”建安十三年（208 年），刘备在当阳县长坂被曹操击败。战后刘备前往江夏和刘表长子刘琦会合。常言说，“时穷节乃见”“患难见真情”，危难之际，诸葛亮不离不弃，大显身手，前往东吴商谈联合孙权共抗曹操事宜。后舌战群儒，取得了赤壁之战的胜利，由此奠定三国三足鼎立基础。此处记叙，高度概括了先帝创业过程中的艰难险阻，表达了作者愿与先主患难与共的深情。

“先帝知臣谨慎，故临崩寄臣以大事也。”公元 219 年，吴国袭取荆州，俘杀关羽，刘备大怒，不顾一直奉行的联吴抗魏战略，于公元 221 年发兵伐吴，结果大败。章武三年 (223 年) 春，先主于永安病笃，召亮于成都，属以后事，谓亮曰：“君才十倍曹丕，必能安国，终定大事。若嗣子可辅，辅之；如其不才，君可自取。”亮涕泣曰：“臣敢竭股肱之力，效忠贞之节，继之以死！”先主又为诏敕后主曰：“汝与丞相从事，事之如父。”这段话和事情的经过，就是被后人传为千古佳话的白帝城托孤。君臣若非肝胆相照，刘备又岂敢委以如此重任？

五、从文章的语言看忠心

此文是奏章，内容是诸葛亮出师伐魏前向刘禅陈述意见，提出修明政治的主张。全文 624 个字，先后 13 次提及“先帝”，7 次提到“陛下”。“报先帝，忠陛下”的思想贯穿全文。诸葛亮时时不忘先帝“遗德”“遗诏”，处处为后主着想，期望他完成先帝未竟的“兴复汉室”的大业。诸葛亮对刘氏父子披肝沥胆相待，文字从作者肺腑中流出，真情充溢，感人至深。

文中出现得比较多的一个字是“宜”，如“诚宜开张圣听”“不宜妄自菲薄”“宜付有司论其刑赏”“不宜异同”“陛下亦宜自谋”等。“宜”，是“应该”的意思。含有这个词语的句子往往语气比较缓和，带有建议的口吻。诸葛亮恪守君臣之礼，说得极为委婉。希望皇帝去做的，说“宜”；不该做的，说“不宜”。不说刘禅现在做得怎样，只用恳切坦率的言辞，期望后主听信忠言，团结群臣，克服无所作为的思想。每句话不失臣子的身份，也切合长辈的口吻。

文中用“愚”表明了自己谦逊的态度。“愚以为宫中之事，事无大小，悉以咨之”“愚以为营中之事，悉以咨之”，更能表现诸葛亮谦逊的是“先帝不以臣卑鄙”“庶竭驽钝”。“卑鄙”指身份低微，见识浅陋，“驽钝”指劣马和钝刀。纵观三国历史可知，诸葛亮是一个能力很强、做出了杰出贡献的人，“功盖三分国，名成八阵图”，他不是一个见识浅陋的人，从他谦逊的态度可见他的人品和忠心。

六、从后人的评价看忠心

诸葛亮在世时被封为武乡侯，死后追谥忠武侯，东晋政权追封他为武兴王。《出师表》一文，刘勰称之“志尽文畅”，杜甫感叹“出师未捷身先死，长使英雄泪满襟”，陆游颂之“出师一表真名世，千载谁堪伯仲间？”文天祥诗云之“或为出师表，鬼神泣壮烈”。

《出师表》字里行间所流露出来的至死不渝的忠诚，光昭日月，感天动地，历来为忠志之士所景仰和赞颂，他赍志以殁的悲剧更是一曲生命的赞歌。他是中华民族诚信感恩的化身，他为国尽忠、鞠躬尽瘁、死而后已的精神，必将激励着中华儿女为了祖国的繁荣富强而矢志不渝地去奋斗。

本文作者：江苏省泰州市胡庄初级中学 刘荣成

语词“失度”现“真”“胆”

——读《出师表》的几点体会

三国云烟情义重，是非功过后人评。知其不可莫作为，古今混沌一片黑。英雄豪杰之士，当为乱世而生，即使慷慨悲壮而终难圆满，也定将驱散笼罩在浩瀚历史长空的几分阴霾，使匍匐其中的人们获得前行的力量。胆小如鼠者必苟安一隅，如高尔基笔下之企鹅，最悲剧的倒不是害怕雷电风雨，而是直接拒绝接受外在客观变化，以及惮于做出应对变化的细微反应。苟延残喘者获取片刻的平安绝非难事，而更大的耻辱将来得更为紧迫。

古往今来人尽知，忠言逆耳利于行。“忠言逆耳”的说法无不道尽人际交往的巨大障碍，在等级极度森严的专制时代，君臣对话，客观存在着语词“失真”现象，“指鹿为马”式君臣对话，尤其盛行于吏治腐败、王朝气韵式微之际。在三国势均力敌，各方都对彼此虎视眈眈的危机时刻，谁能创造“亲贤臣”的政治清明，谁就能焕发新的活力，一代贤相诸葛亮绝对深谙此道。余秋雨先生从文学的角度认为，“真实的诸葛亮之所以能够在中国历史上获得超常名声，多半是因为这篇《出师表》”。笔者以为，诸葛亮之所以能够“获得超常的名声”，不仅仅局限于《出师表》的文学价值，更重要的是，诸葛亮在“表”中语词的“失度”，则更多呈现出其个人胆识和个性至真。

刘勰《文心雕龙》曾把诸葛亮《出师表》与孔融《荐祢衡表》并列美誉：“孔明之辞后主，志尽文畅。虽华实异旨，并一时之英也。”如果没有至真性情，虚情假意岂能成为“一时之英”？唐代诗圣杜甫：“出师未捷身先死，长使英雄泪满襟。”宋代学者赵与时《宾退录》：“读诸葛孔明《出师表》不堕泪者，其人必不忠也。”孔明表文中“临表涕零”，绝非政治家的掩饰或逢场作戏，而是出于达天下、济苍生政治宏愿的赤子情怀，故而令后世与之有共同情怀的诗圣杜甫以及学者赵与时产生情感共鸣，不禁落泪。陆游《书愤》：“出师一表真名世，千载谁堪伯仲间。”文天祥《正气歌》亦云：“或为出师表，鬼神泣壮烈。”英雄之胆识，至真品质，以及未完成济苍生的悲壮，令后世百代或尊为典范，或扼腕长叹。而今日却有薄英雄之喧嚣（愚忠说），比如西安市委党校历史学教授胡觉照建议将诸葛亮的《出师表》撤出中学语文课本，他认为诸葛亮的《出师表》力主北伐的主要动因是“要报恩于刘禅。表现出的是一种愚忠”“对于没有完全辨别能力的初中生来讲，容易形成‘愚忠’思想”。此种说法实为不当苛责之声。

《隆中对》中，我们惊诧于孔明的那份浪漫潇洒，以及遇“知己”表现出的胆识与率真：不出茅庐，敢度天下大事。我们也更无限仰望《出师表》里，那个明知不可为而坚持有胆为之的两代老臣。“有胆为之”不是逆历史潮流而动，英雄人物顺应历史发展的客观规律“有胆为之”，一定程度上能够推动历史的车轮向前滚动。

《出师表》中，诸葛亮至真性情，达天下、济苍生的胆识来源于：

第一，“兴复汉室”的政治约定。伯牙子期以琴会意，玄德孔明以志言情。史学家陈寿在《隆中对》里用略带感性的历史笔法，从他者的视角陈述诸葛亮的不同凡响之处：躬耕于陇亩，好为《梁父吟》，每自比于管仲、乐毅。我们认为，比于管仲、乐毅的人才，若沉溺于乱世，岂不永远平庸？诸葛亮自号“卧龙”，当“卧龙”选择为“真龙”刘备出山，显然，此时常“卧”绝对不是孔明的态度。即使刘备病故，孔明已过天命之年，但《出师表》字里行间铿锵有力，表文从头至尾，每一个字都迸发出积极作为的勇气和担当。而刘备自称汉朝皇室后裔，有志于天下，但屡遭挫折，急需贤才出谋划策。

“凡三往”“三顾臣于草庐之中”，不论是出自于历史学家的准确记述，还是《出师表》中诸葛亮的清晰动情讲述，都充分说明他们彼此之间心照不宣的“热烈期待”。从《隆中对》记述二人的对话，以及《出师表》中诸葛亮明知不可为而坚持为之的魄力，我们能够看出，刘备、诸葛亮君臣之间共同存在着超越个人功利的宏图大志。故而，即使已经形成相对平衡的三足鼎立局势，但诸葛亮依旧在表文一开始，就直言“此危急存亡之秋”。

英雄异于凡夫俗子之处，就在于能洞察秋毫，推波助澜。于是，“兴复汉室”就成了他们的政治约定，即使刘备已故，这份约定也鞭策孔明必须要有充分的胆识有意为之。

第二，“三顾茅庐”建立了君臣充分的信任。根据《三国志先主传》里的描述：“先主之弘毅宽厚，知人待士，盖有高祖之风，英雄之器焉。及其举国托孤于诸葛亮，而心神无贰，诚君臣之至公。”我们从中得知，有君王之气度的刘备，礼贤下士，能够做到“举国托孤于诸葛亮”，且“心神无贰”，是基于危难之际，君臣二人互为知己建立起来的充分信任，这份信任远远超出囿于功名利禄的个人之私，足见他们之间的心理默契超越君臣伦理。而在笔者看来，刘、诸葛这种超越君臣关系的根本就是“济天下”的儒家思想。

身处乱世，能够忍辱负重，忘怀个人得失成败，超越个人功名利禄，心忧苍生，胸怀天下者，英雄也。当历史的车轮周期性滚入一个迂回曲折的路段时，就会出现此类英雄人物，这也是历史的必然。刘备后来永安病笃时，对诸葛亮说：“君才十倍于曹丕，必能安国，终定大事。若嗣可辅，辅之；如其不才，君可自取。”刘备言辞绝对诚恳，作为割据一方的君王，胸中是否会有对当前和未来局势的充分把握？谁会愿意将自己毕生创立的基业，因感情一时冲动，而毁于一旦？做出国事决定，当深思熟虑之后所为。同时，作为父亲，定当熟知子嗣是否有经天纬地之才。刘备在弥留之际，果断将国事托付于诸葛亮，是“心神无贰”的一种胆识。而对于诸葛亮来说，则是“知遇之恩”“兴复汉室”，另加“托孤重臣”三者叠加在一起，在诸葛亮心目中形成一种巨大的使命感。事实上，这种使命感同时又是一种限制，必须心无旁骛完成任务，否则会遗臭万年。

第三，客观上君权与相权实力对比发生重大倾斜。关、张二人先于刘备而去，待刘备病故，后主刘禅皇权孱弱。《三国志诸葛亮传》记述刘备死后，刘禅遵照遗嘱，奉诸葛亮为相父，封武乡侯，“开府治事”，且“政事无巨细，咸决于亮”。既然政事“咸决于亮”，那么为何北伐之前还要多此一举，写一篇《出师表》，且又情感浓烈，循循善诱呢？我们认为，“咸决于亮”不等于取而代之，相反，诸葛亮一诺千金，没有走董卓、曹操挟天子以令诸侯的道路。虽然他完全可以“自取”，但还是绝对遵守诺言，勤恳谨勉辅佐后主刘禅。同时，我们发现“政事无巨细，咸决于亮”，说明皇权在政事中缺位，而相权“越位”迹象突出。诸葛亮相权“越位”是在特殊的历史背景下存在的，这个历史背景，就是当时的三国割据势力的力量对比。任何一方内部出现混乱，整个形势就会发生巨大变化。另外，《出师表》也一再表明诸葛亮相权的“越位”是在尊重皇权的前提下进行的。如果说此时相权已经取代皇权，那么《出师表》完全没有必要那么言辞恳切，且又情动于衷。但是，我们也分明感受到，诸葛亮相权的格外强势。

达天下、济苍生的政治宏愿，遇知己、负重托的巨大使命感，集于孔明一身。已过天命之年的诸葛亮负载前行，拒绝苟安于巴蜀一隅，冲破重重阻碍，说服后主刘禅，立下军令状，力主北伐。《出师表》字字珠玑，力度，温度，以至于“失度”，每一“度”都是那么激荡又热烈，每一“度”又无不体现着孔明至真性情。

“表”开篇，就以雷霆万钧之势，供出先帝之“遗德”，意欲激活刘禅的慵懒情感，以此修正国事。《出师表》全文624个字，13次提到先帝。在后主面前，多次言及先帝，一方面是着力体现先帝之志、先帝之德和先帝之恩泽；另一方面又暗示刘禅，整顿国事，顺利北伐，不是为了一己之私，而是为了巩固扩大刘氏基业，实现“兴复汉室”的先帝之志。同时，意在表明先帝遗德就是国之方针，含蓄地以“忠孝”观念鞭策刘禅必须约束自己的言行，遵从先帝遗德。“反复地阐明，这是代先帝立言，而不是自己有多高明”，必须执行。

表的开头，就将先帝摆在首位，面对“存亡之秋”，侍卫之臣、忠志之士的努力奋斗都是“追先帝之殊遇”。表中，诸葛亮出言必先讲先帝，“归隐”自己，并不是以先帝力压刘禅，而是想以委婉的方式，循循善诱刘禅，能够惦念其父创业的初衷和艰难，励精图治。睿智的诸葛亮应该会意识到，自己强力为之，一旦失利，将遭遇时人和后世历史的双重非议与否定，但他依旧舍弃个人荣辱功过，忠心谏言后主刘禅，在广开言路、选人用人、治理宫中府中、军务等方面，反复提醒刘禅，要向先帝学习。

委婉中不失严厉，“宜”有深意，“悉”太硬气。诸葛亮从二十六岁就开始全力辅佐刘备，写《出师表》时已经四十六岁，与后主刘禅年龄差距二十七岁。即使如此，在等级森严的封建社会，君臣对话，要顾及皇权威仪，臣必须讲究言语的尺度。而诸葛亮给刘禅的表中，言语严厉，甚至越位的词语反复出现。“宜”作为动词，在古汉语中的解释为：应该，应当。《出师表》开篇两段连用五个“宜”，另附加“诚”和“不”，我们分明感觉到此时孔明的语气不只有勉强委婉，更多的则是强硬地表态。福建师范大学孙绍振先生认为，诸葛亮在《出师表》中，“一上来，就没有多少褒扬的话，倒是充满不客气的话”，说明《出师表》“倒是有一点与其说是规劝不如说是训斥的口气”。另外，因自己出师北伐，又再三叮嘱已是成人的刘禅，要求政务、军务都要咨询自己指派的人。连用两个“悉以咨之”，“悉”是全、都的意思。凡事都“悉以咨之”，莫非“相父”真把成人刘禅当成“政治婴孩”？这是否有点漠视刘禅作为帝王的政治尊严？同时，我们发现，这些语气显得严厉的词语，所叙内容都事关一个君王最基本的能力素质。

笔者以为，诸葛亮此时的胆识缘于“存亡之秋”的特殊历史境遇和“追先帝之殊遇”的强烈使命感，这使得他顾不上外在的君臣之礼，以至于言辞出现或严厉、或动情的矛盾，甚至出现“临表涕零”行为失度的情形。事实上，语言上出现的矛盾，以及行为的失度，充分展示了至真性情的孔明形象，更深层地透露出诸葛亮内心的焦虑和不安。故而，我们认为《出师表》中孔明表面上的语言失度，实质上反映的是他力图竭尽所能，确保北伐出师顺利进行。

本文作者：甘肃省陇南市武都城关中学　李胜红

6. 归去来兮辞（并序）

陶渊明

余家贫，耕植不足以自给。幼稚盈室，瓶无储粟，生生所资，未见其术。亲故多劝余为长吏，脱然有怀，求之靡途。会有四方之事，诸侯以惠爱为德，家叔以余贫苦，遂见用于小邑。于时风波未静，心惮远役，彭泽去家百里，公田之利，足以为酒，故便求之。及少日，眷然有归欤之情。何则？质性自然，非矫厉所得。饥冻虽切，违己交病。尝从人事，皆口腹自役。于是怅然慷慨，深愧平生之志。犹望一稔，当敛裳宵逝。寻程氏妹丧于武昌，情在骏奔，自免去职。仲秋至冬，在官八十余日，因事顺心，命篇曰《归去来兮》。乙巳岁十一月也。

归去来兮，田园将芜胡不归？既自以心为形役，奚惆怅而独悲？悟已往之不谏，知来者之可追。实迷途其未远，觉今是而昨非。舟遥遥以轻飏，风飘飘而吹衣。问征夫以前路，恨晨光之熹微。

乃瞻衡宇，载欣载奔。僮仆欢迎，稚子候门。三径就荒，松菊犹存。携幼入室，有酒盈樽。引壶觞以自酌，眄庭柯以怡颜。倚南窗以寄傲，审容膝之易安。园日涉以成趣，门虽设而常关。策扶老以流憩，时矫首而遐观。云无心以出岫，鸟倦飞而知还。景翳翳以将入，抚孤松而盘桓。

归去来兮，请息交以绝游。世与我而相违，复驾言兮焉求？悦亲戚之情话，乐琴书以消忧。农人告余以春及，将有事于西畴。或命巾车，或棹孤舟。既窈窕以寻壑，亦崎岖而经丘。木欣欣以向荣，泉涓涓而始流。善万物之得时，感吾生之行休。

已矣乎！寓形宇内复几时，曷不委心任去留？胡为乎遑遑欲何之？富贵非吾愿，帝乡不可期。怀良辰以孤往，或植杖而耘耔。登东皋以舒啸，临清流而赋诗。聊乘化以归尽，乐夫天命复奚疑！

“归”而牵情，天性本成

——《归去来兮辞（并序）》解读

《归去来兮辞》作于东晋义熙元年（405 年），其时陶渊明 41 岁，出任彭泽令。这时他任职仅八十余天，就决定辞官归隐。对于家境贫困、家中人口甚多、暂时又找不到维持生计的一家之主的陶渊明来说，有别人的推荐能有一官半职来解决生活的困境，本是一个极佳的机会，也不失为一种最好的生存方式。但对本性厌恶官场的污浊与黑暗、不愿与世俗同流合污的诗人而言，这时的归隐才是他最真、最纯、最佳的选择。

一、归之因难免牵强，本性天成

在常人眼里，贫寒中尚有任职县令之机会，实在是人生事业的峰回路转，应该惜之又惜。不过，陶渊明实在不是常人。他任职仅两个多月，任职环境还未熟悉、工作还未上手、功绩更谈不上就辞官，实在让人不可理解。中国古代文人皆有强烈的从政意识，如果有一个施展才能的机会，他们从来都是备加珍惜，勤勉工作，必须有一些成就才行。但陶渊明一反文人之常态，做出异于其他文人之举动，这实属他的本性使然。

文章在序和第一段中对他辞官归隐的原因作了明确交代，主要有以下四点：一是“质性自然，非矫厉所得”；二是“饥冻虽切，违己交病”；三是“于是怅然慷慨，深愧平生之志”；四是“寻程氏妹丧于武昌，情在骏奔，自免去职”。表面上看，每一点都是他选择归隐的充足的理由，也没有什么不妥。但因程氏妹丧于武昌，便促成他弃官归田。归田之契机实在显得有些牵强附会，于今人看来，太过于任性。正如朱自清先生在《陶渊明年谱中之问题》中指出的那样："妹丧固是实情，然亦去志久决，故藉此急求自免，庶有词以对亲友及执事者耳。"实质上，陶渊明辞官的根本原因是前三点，只是刚好机缘巧合他正好有了借口而归。其实是他明白做官违背他的本性，这种违背本性导致的身心交病远比忍冻受饿更让人难受，与其难受，不如随心随性，选择归隐。

二、归之切心潮澎湃，本性天成

在序中，陶渊明有了归隐的种种理由，为自己的回归作足了文章，这只是符合自己的本性罢了，终于不因摆脱生活的困境而违背自己的心志，做回自己。任职能解决他暂时的困境，但做官让他陷入深深的痛苦之中。一句"实迷途其未远，觉今是而昨非"把他那种做官后的矛盾、痛苦抒发得痛彻心扉，做官对他而言实在是痛苦至极。我们一定会思考他痛苦的原因：为官究竟有多艰难？官场究竟有多腐败？仕途究竟有多险恶？

他觉得做官是走入迷途，好在他认为走入迷途但还不算太远，现在觉悟一切都还来得及。寥寥几句，既有沉痛的告白，又有愤怒的抗议；既有觉醒的宣言，又有回归的决心。总之，陶渊明已经明白做官是一种错误的决定，他义无反顾选择归隐，这才是他真正的人生归宿。对于那些在为官与归隐之间纠结的文人来说他无疑是特殊的，或许只有陶渊明敢如此选择。他在仕与隐的矛盾中的决定成为后世人永远的话题。陶渊明曾有远大的抱负与壮志，做官是他实现理想与追求的路途，但他决然离开官场，他的人生也就发生了变化。

他的归隐造就了一个伟大的文学家，他的诗文在中国文学史上熠熠生辉，光照千秋。欧阳修说："晋无文章，惟陶渊明《归去来兮辞》一篇而已。"

一旦脱离樊笼，陶渊明犹如放飞的鸟儿回到自然中，瞬间变成另一个人。他的愉悦心情在文中抒写道极致。一句"舟遥遥以轻飏，风飘飘而吹衣。问征夫以前路，恨晨光之熹微"中"遥遥、飘飘、问、恨"写出他归家之迫切，在他眼中，连时间都是慢的。李格非说："《归去来辞》沛然如肺腑中流出，殊不见有斧凿痕。"他辞官不做不是忧伤悲痛而是归心似箭，这是他的本性使然。

三、归之乐诗情画意，本性天成

他回到久违的田园，简陋的家门、家人的等待、庭院的美景、户外的乐趣无一不体现得诗情画意。诗人家境本就贫寒，但当他回家，我们丝毫看不到贫寒人家的悲凉，更多的是一种家庭生活的和乐。他看看故园，虽然小路长满荒草，但故园的松和菊如旧。他的庭院肯定不止松与菊，但陶渊明只写松与菊。那松、那菊已经不再是庭院中的两种植物，它们已经成为陶渊明气节的化身，他看到了“松菊犹存”，内心更庆幸的是自己进入官场后还是没有丢失本性，还能有松与菊的坚贞与高洁。他随之走入户外，一切的景物皆是作者做官与辞官后心情的真实写照：“云无心以出岫，鸟倦飞而知还。”自然景物的描写无雕琢之痕又诗情画意。

他出去做官是无心的，并不是刻意追求功名利禄。当然，作者也不是为自己辞官找一种说辞，因为实在是“倦”了，所以不得不还，他厌倦了官场的污浊与黑暗，“还”就成了必然。“云”与“鸟”的自由让他触景生情，户外的一草一木终于让他找到了心灵的归宿、理想的归宿、人生的归宿。

回归田园的诗人，发出“归去来兮！请息交以绝游。世与我而相违，复驾言兮焉求？”的誓言。他要躬耕田园，享受田园之趣。农事之暇，乘兴出游，登山泛舟，寻幽探胜都充满诗情画意，这和他在官场的痛苦形成鲜明的对比，在对比中更能体现官场实不是他的理想之所。

诗人在归隐一年后所写的“少无适俗韵，性本爱丘山”既是他对为官生活的反省，也是他本性热爱自然、醉心田园生活的写照。他终于明白原来他从未学会逢迎世俗、周旋应酬、钻营取巧的那种情态、那种本领。“久在樊笼里，复得返自然”更是他顺适本性、无所扭曲的生活体现。

四、归之决发乎内心，本性天成

回归田园后的诗人发出“胡为遑遑欲何之”的感叹，这感叹是对汲汲于富贵、心为形役的人们所发出的诘问，更是他心志已决的呐喊。他终究明白“富贵非吾愿，帝乡不可期”。他从污浊的官场走出后，一直在进行痛苦的思索，最终的决定完全是发乎内心，本性天成。他不再犹豫彷徨，而是与官场彻底决裂。

总之，《归去来兮辞》中陶渊明的归隐是偶然更是必然。但我们读《归去来兮辞》并未看到一个只喜欢游山玩水而不关心时事的纯隐士，我们还看到一个骨子里想有益于社会的文人。入仕为官是他的理想，厌恶官场是他的气节，淡泊明志是他的追求，固穷守节是他的人生，“靖节先生”是他永远的写照。

本文作者：贵州省毕节市第四实验高级中学　吴长贤

欢乐其表，哀痛其里

——陶渊明《归去来兮辞（并序）》新读

人们谈论《归去来兮辞》，习惯于称道陶渊明的田园之乐和隐逸之欢，而忽视了潜藏在字里行间的人生悲凉。我在研读文本时发现，诗人在抒写欢快、喜乐之情的同时，总是有意无意地使用一些容易引发人们联想到他酸心隐痛的词句，梳理、揣摩、品味这些词句的深层内涵，《归去来兮辞》从某种意义上说，也是一篇吐露隐痛、抒写苦闷的心灵悲歌。

一、壮志未酬之伤

历代文人饱读诗书，进德修业，绝非仅仅满足于做个纯粹的文人。骨子里，他们都想学优则仕，建功立业，造福百姓。陶渊明早年出去做官，尽管有养家糊口之需，但是更重要、更深层的原因，还是想建功立业、大济苍生。一旦社会黑暗，官场污浊，诗人的理想无从实现，他就会备感焦急，感叹时光流逝，前路渺茫，生命有限，功业无望。

这种痛苦、忧伤几乎遍布全诗的字里行间。“既自以心为形役，奚惆怅而独悲？”这一句深刻地反问、反思自我。为官是言不由衷、行不由己、心为形役；所作所为，所言所语，绝非心愿，更非本性。一腔抱负不为人们理解，不被当权者接纳，诗人当然只有心怀惆怅、独自悲伤了。一个“独”写出了世无知音、壮志未酬的悲哀。“倚南窗以寄傲”，直接抒发诗人超凡脱俗、傲然于世的情怀。一个人凭什么可以傲视世俗呢？才华横溢，心性自由，理想远大。“审容膝之易安”，写诗人安于现状，知足常乐，不以寒碜的物质生活为意，不以一己得失为念，心中所想乃是家国天下、黎民福祉，乃是返璞归真、捍卫自由。

诗歌第二段写自己回家之后“门虽设而常关”，第三段写自己“息交绝游”，又反问“世与我而相违，复驾言兮焉求”，这些诗句充分表明，诗人不屑与世沉浮，而是关门闭户，自成一统，流连自我小天地，遨游自然大世界。诗人特别点出“世与愿违”，不是“我与世违”，暗示社会世俗、官场秩序早已违背“我”的心性和理想，“我”与它们势不两立、水火不容，因此，没有必要再去奔波功名，混迹官场。诗人回归田园之后，表面上欢欣鼓舞，兴高采烈，其实内心深处还是耿耿于怀、忧心忡忡。“何以解忧？唯有杜康”，哪怕一个人，自斟自饮，也可以暂时麻醉自我，抚慰心灵；或者孤身出游，纵情山水。可是一旦看到“木欣欣以向荣，泉涓涓而始流”，诗人又敏感起来了，万事万物生逢其时，生机勃勃，大逞其能，可我空有一腔抱负啊！“善万物之得时，感吾生之行休”是伤痛语，也是愤激语；是无奈语，也是绝望语。

二、心为形役之悲

诗歌第一段交代诗人归隐的原因和决心。陶渊明归隐田园的真正原因是“心为形役”，即心志被形体役使，做了许多违心悖情又无可奈何的事情，想做的不能做，不想做的却又不能不做。“心为形役”含义有二：一是诗人为口腹之计，羁身宦海，折腰事人，仰人鼻息，深感屈辱和厌倦；二是诗人质性自然，与世俗相违，矫厉不得，不容于世。逆情悖性，违心违己，在诗人看来是玷污心性、扭曲灵魂的，因而深感惭愧，惆怅悲伤。一旦醒悟，便觉“往者不可谏”而“来者犹可追”，“迷途未远”“今是而昨非”，因而决计弃官归田。这中间固然有亡羊补牢、为时未晚的庆幸，更有陷身官场、铸成大错的沉痛。大梦初醒、了然彻悟的“归田”宣言中更有痛彻心扉、追悔莫及的自责自悔。

三、居家涉园之痛

诗歌第二段写诗人想象中的归途情景和归隐后闲适自在的家园生活，文中也出现了一些刺人眼目的词句。“云无心以出岫，鸟倦飞而知还。”写蓝天白云，高蹈尘外，任意东西，无拘无束。“无心”喻指白云飘浮不定，了无心机，自然自在。写山林飞鸟，朝出暮归，远近觅食，行于当行，止于所止。“厌倦”暗示飞鸟奔波劳碌，归林投巢，安于静谧，自得其乐。

无论白云还是归鸟，它们都自由自在，无忧无虑，这实际上反衬出诗人沦落尘网、受人羁绊的不自由、不自在，这份扭曲心灵、压抑性情、失去自由而又无可奈何的痛苦是深刻的，也是沉重的，只是不易察觉罢了。

“景翳翳以将入，抚孤松而盘桓”，写夕阳晚照，光影暗淡，渲染悲凉情怀；写苍松兀立，孤独无靠，更隐喻诗人孤高傲世、形影相吊的落寞和悲怆。“引壶觞以自酌”流露出诗人自斟自饮、无以为伴的孤独和苦闷。“倚南窗以寄傲”颇有几分出尘傲世、孤愤不平之意。“门虽设而常关”更是直截了当地揭示出诗人疏远世俗、独立自足的清高和冷寂。这些文句，貌似逍遥闲谈，实则忧愤满怀，我们从中读出了陶渊明隐隐作痛的心。

四、交往出游之忧

文章第三段描写陶渊明的交往出游。先说诗人的交往对象——亲戚农人，诗人可以和他们谈天说地，家长里短，有远离官场的淡泊，有共享亲情的温馨。可是，诗人心性高洁，远非凡夫俗子、市井小民所能理解、认同的，和乐欢悦的交谈之中饱含世无知音的隐忧。文中“乐琴书以消忧”，无疑又暗示了一点，只有诗书琴韵才可以寓情传志，消愁解忧，而一般的“亲戚”“农人”则只可形往，不可神交。

再说诗人的出游方式。“或命巾车，或棹孤舟。既窈窕以寻壑，亦崎岖而经丘。”孤舟独往，自娱自乐，有时探寻幽深曲折的沟壑，有时翻越崎岖不平的山丘，人迹罕至，瑰怪之观，诗人情有独钟，乐而忘返，这又何尝不是暗示诗人隐而不发、深藏不露的遗世情怀呢？

最后看诗人的所见所感。“木欣欣以向荣，泉涓涓而始流。善万物之得时，感吾生之行休。”看到万物复苏、生机勃发的景象，诗人不是欢欣鼓舞、诗性大发，而是悲愁叹老、自伤自悼，这份敏感与哀伤决不是诗人内心情感的偶然发泄，而是他久积于心、郁闷难展的苦痛隐忧的自然流露。一个年迈体衰、生命苦短的诗人，面对欣欣向荣的大好春光，除了喟叹，还能怎样呢？

五、委心乘化之愤

文章第四段卒章显志，抒发诗人委心乘化、乐天安命的情志。但是，强烈的感叹和接二连三的反问，又使我们分明意识到诗人去留难定、取舍难决的矛盾和苦闷。

“寓形宇内复几时！曷不委心任去留？”感叹人生苦短，

余生不多，强调委心任运，顺其自然，其实是表达去留难定、心力不及的无奈和痛苦。“胡为乎遑遑欲何之？”否定了忧心忡忡、心神不定的犹豫不决，其实正暗示出平日里心有所求、志有所得的煎熬难耐。“聊乘化以归尽，乐夫天命复奚疑！”说自己乐安天命，坚信不疑，正折射出何去何从、取舍难定的怀疑和忧虑。“聊”是姑且、暂时之意，是不是暗示出诗人这种选择依然仅是一种权宜之计呢？事实上，归隐田园之后的陶渊明并不能做到真正的归隐，因为他总有不忘尘世、感时伤怀的时候。

综上所述，我认为《归去来兮辞》是一篇孤愤难平、忧乐相生的心灵之歌，有诗人返璞归真、颐养天年的自足自安，也有时光易逝、人生苦短的悲愁苦叹；有纵浪大化、逍遥浮世的自由自在，也有误入官场、心性扭曲的懊悔痛心；有家人团聚、琴书相伴的宁静淡泊，也有世乏知音、心曲难诉的郁闷孤寂……

正如清代诗人龚自珍所说的：“莫信诗人竟平淡，二分《梁甫》一分《骚》。”我们读陶文，切不可“乐”而忘“忧”啊。

本文作者：湖南省长沙市雅礼中学　徐昌才

真情无痕，真妙无言

——《归去来兮辞（并序）》中“真”的探究

每每在吟诵诗歌、赏析经典的时候，我经常想：在诗歌之中到底什么样的情感最令人动容？这时你会说，它可以是“临行密密缝，意恐迟迟归”的体贴入微；也可以是“桃花潭水深千尺，不及汪伦送我情”的深情厚谊；抑或是“莫是长安行乐处，空令岁月易蹉跎”的劝慰勉励；更可以是“两情若是久长时，又岂在朝朝暮暮”的浓情蜜意……

无论是哪种情，哪种意，唯有“真”者，才足以敲击肺腑、撼动人心。

“吾于诗人无所甚好，独好陶渊明之诗……自曹、刘、鲍、谢、李、杜诸人皆莫及也。”苏学士的话更是与我有着异曲同工之处，在靖节先生众多作品之中，我更钟情于他有如天籁、自始至终呈现出一种天然真色之美的《归去来兮辞》。

《归去来兮辞》是一首骚体诗，源头是《离骚》。如果说《离骚》的人文意义是热心于世而不得的悲剧境界的话，那么《归去来兮辞》则是隐退避世而不为的超越境界。中国古代知识分子在传统儒家道德的影响之下，一直将“修身、齐家、治国、平天下”作为自己积极入世的行为准则。但在政治极端黑暗的时代，当他们理想无从实现，甚至连生命都无法保障的背景下，继续积极入世，只具有一种存在着的想象价值，而不具备执行的现实价值。于是，弃官归隐就又可能变成现实。这种行为的背后实际上是强调自我价值的存在。陶渊明就是用诗歌的形式，将这种归隐意识作出真实、深刻、全面表达的第一人。

李格非曾言“《归去来兮辞》沛然如肺腑中流出，殊不见有斧凿痕”，欧阳修也言：“晋无文章，惟陶渊明《归去来兮辞》而已。”都可谓是推赏备至了。由此可见它有一种直抒胸襟、不加涂饰、自然纯真的可亲之态，这种状态，就是本诗一直所致力于要突出的——“真”。

本文之中的“真态”主要体现在小序之中。“余家贫，耕植不足以自给。幼稚盈室，瓶无储粟，生生所资，未见其术。亲故多劝余为长吏，脱然有怀，求之靡途。”从这些话中我们看到了作者为了眼前苟且，而放弃诗和远方的无奈之感。但“性本爱丘山”的自己又有顿悟“质性自然”“深愧平生之志”。所以，即使“饥冻虽切”，但“违己交病”，最终还是要在“怅然慷慨”中“敛裳宵逝”了。这是他依从本心的选择，也是文章即将体现“真情”的基础。

诗歌的真，除了有客观载体的“真”态存在，还要有感人至深的“真”情。王国维在《人间词话》中说：“大家之言，其言也必沁人心脾，其写景也必豁人耳目，以其所见者真，所知者深也。”其实就强调了真态和真情之间密不可分的关系。

《归去来兮辞》既是作者脱离官场的宣言书，又是一篇回归自然的写景诗，所以要强调的归去之情一定是必不可少的。在文中，陶渊明诗心慧眼地通过对自由无拘乡村生活的再现和明净淡雅景物的描写，生花妙笔地运用借景抒情的情感表达，将人物、景物、场景结合起来，展示了诗人崇尚自然、追求自由的浪漫情怀。

一、回归家园的共叙天伦

“乃瞻衡宇，载欣载奔。僮仆欢迎，稚子候门。”从这几句中，我们可以感受到诗人视之为“人子”而“善遇之”的喜悦，和家人一起的美好和温馨。通过动作描写来强调情感，无疑是一种捷径，为了能让这份情感更加真实和浓郁，作者又巧妙地开始刻画园中之乐的场景，这里既有能“寄傲”的“南窗”，又有能“怡颜”的“庭柯”，可以“策扶老流憩”，也可以“时矫首遐观”，不但能够看见“知还的倦飞之鸟”，也可望见“出岫的无心之云”。

二、感悟自然的其乐融融

如果只是在文中写园中之景，不但表现的场景不够开阔，而且要强化的那份在自然之中的怡然自得也会大打折扣，所以作者又将着眼点放在了园外之景上，用景象、劳动、人文一起构成了诗人充实而又饱满的全幅生命。

亲人说情话，农人谈庄稼，相比“束带而见”“违心交流”更显得真诚和悦耳，自然以“窈窕”“崎岖”“涓涓”“欣欣”之态，使人兴致盎然、通达畅快。于是“命巾车，棹孤舟”，在万物畅育的自然界，以自然为宗，强调自己的人生哲学：“寓形宇内复几时？曷不委心任去留？”即不要功名利禄，不要彼岸虚无，只要在自己的内心认可的世界里，求得生存和生活的真实意义。

有人说，陶渊明笔下的这幅空灵意趣的自然图，是以虚写的方式处理的，只是“将归而赋，则既归之事，也当想象而言之”。对此，钱钟书先生在《管锥编》中已有辩证，并援引周振甫先生的见解“《序》称《辞》作于十一月，尚在仲冬，倘为‘追录’‘直抒’岂有‘农人告余以春及，将有事于西畴’等人事？其为未归前之想象，不言可喻矣”。钱钟书认为本文自“舟遥遥以轻飏”至“亦崎岖而经丘”“叙启程之初至以后诸况，心先历历想而如身正一一经”。由此可以看出，越强调归去田园生活的美好，越能和他之前的官场生活形成对比，越能衬托出官场的黑暗，以及自己和官场尔虞我诈生活的格格不入。用这样的内容来理解《归去来兮辞》中场景真实和浪漫融为一体，的确是很深刻的。

如此说来，本文为了强化文章中突出的情感，作者随心所好，随心所至，心到景到，情到境到，将“景语”化作“情语”，做到了真正的“诗缘情”和“情以物迁、辞以情发”。而《归去来兮辞》就是依托着“真态”，抒发着“真情”，让每一位读者都在他文字里读懂了这份“真”意的质朴无华、寓绚于素、大巧若拙和独树一帜！

本文作者：甘肃省武威第一中学　楚丽娜

第三章

『操千曲而后晓声，观千剑而后识器』

——寻梦大唐

7. 师　说

韩　愈

古之学者必有师。师者，所以传道授业解惑也。人非生而知之者，孰能无惑？惑而不从师，其为惑也，终不解矣。生乎吾前，其闻道也固先乎吾，吾从而师之；生乎吾后，其闻道也亦先乎吾，吾从而师之。吾师道也，夫庸知其年之先后生于吾乎？是故无贵无贱，无长无少，道之所存，师之所存也。

嗟乎！师道之不传也久矣！欲人之无惑也难矣！古之圣人，其出人也远矣，犹且从师而问焉；今之众人，其下圣人也亦远矣，而耻学于师。是故圣益圣，愚益愚。圣人之所以为圣，愚人之所以为愚，其皆出于此乎？爱其子，择师而教之；于其身也，则耻师焉，惑矣。彼童子之师，授之书而习其句读者，非吾所谓传其道解其惑者也。句读之不知，惑之不解，或师焉，或不焉，小学而大遗，吾未见其明也。巫医乐师百工之人，不耻相师。士大夫之族，曰师曰弟子云者，则群聚而笑之。问之，则曰：“彼与彼年相若也，道相似也，位卑则足羞，官盛则近谀。”呜呼！师道之不复，可知矣。巫医乐师百工之人，君子不齿，今其智乃反不能及，其可怪也欤！

圣人无常师。孔子师郯子、苌弘、师襄、老聃。郯子之徒，其贤不及孔子。孔子曰：三人行，则必有我师。是故弟子不必不如师，师不必贤于弟子，闻道有先后，术业有专攻，如是而已。

李氏子蟠，年十七，好古文，六艺经传皆通习之，不拘于时，学于余。余嘉其能行古道，作《师说》以贻之。

韩愈《师说》对教师职业素养建构的启示

教师职业素养是指从事教师行业必备的基本素质和基本能力，是教师职业的内在规范和基本要求。在职业化程度越来越高的今天，社会对教师的职业素养提出了更高、更全面的要求。有“文起八代之衰”“唐宋八大家之首”美称的韩愈，着眼中唐时期士族门第观念下学习风气衰微的现实，写出了被后代教师从业者奉为圭臬的《师说》一文。文中直接或间接地提出了很多对教师职业素养提升很有借鉴意义的论断。

一、传道授业解惑三大着力点

在古代，教师因拥有知识而被赋予了神圣的地位，教师的职业功能主要在于传授知识，而韩愈《师说》中却说“师者，所以传道授业解惑也”，这就为后代提出了比较完整的教师三大着力要点。

1. 传道。韩愈所说的“道”既是儒家的思想道德规范，也是万事万物的变化发展规律。“经师易得，人师难求”，教师职业更重要的意义是要育人，传授给学生做人的道理。《礼记·文王世子》中说“师也者，教之以事，而喻诸德者也”，陶行知也说“千教万教，教人求真，千学万学，学做真人”，教师最重要的使命是教导学生学习如何做人，如何处事，培养他们健康向上的情感态度价值观，形成正确的“三观”。

2. 授业。“授业”强调知识技能和思想理念的传承。官学私塾抑或正统杂家，口传心授抑或图文记载，它们共同形成了浩荡奔腾的知识洪流。在这种洪流的激荡、撞击下，知识和技能得以传承，人类的文化得以延续发展，社会得以不断进步。既往方能开来，人类的每一次前进无不在继承和发展中进行的。教师应将知识“干货”有系统、有步骤、有方法地传授给学生，让学生遨游在知识的海洋中，接受知识的滋养。

3. 解惑。“知识脱离了人的思考就只能成为静止的信息，信息只有通过人的加工才能成为知识——但这种加工并不只是接受式的加工，而应当基于分析和怀疑的基础之上。”韩愈说“人非生而知之者，孰能无惑？惑而不从师，其为惑也，终不解矣”，在学生遇到困惑疑难时，教师能以自身的知识和经验引导学生走出误区和迷茫，解惑的职责才算真正完成。人们常把教师比作“梯子”“蜡烛”“火把”“灯塔”等，都是说出了教师对学生成长的重要扶助作用。韩愈说“解惑”，就是看准了教师相对于书本而言独到又带有温情的作用和意义。

二、对待学生态度要平等民主

中国儒家思想以“天、地、君、亲、师”为最高人伦顶峰，要求人们遵守三纲五常，三从四德，建立起君臣、父子、夫妻、长幼、师徒之间严格的伦理关系。所以，古代有“一日为师，终身为父”的说法，古代把老师称为宗师、师父，也凸显了教师地位的崇高。《学记》中也提出“凡学之道，严师为难。师严然后道尊，道尊然后民知敬学”。古代以封建师道尊严为特征的师生不平等关系占据主导地位，要求学生对教师的绝对服从。

然而，一千多年前的中唐时期，社会经济发展和士族门第观念导致了师道尊严的沦落，士大夫们“耻学于师”，见他人“曰师曰弟子云者”，又“群聚而笑之”。韩愈挺身而出，正之以声色，在《师说》中，指出“古之学者必有师”，强调从师的重要性，批评了“耻学于师”的不良社会风气，一再维护师道尊严。

但韩愈对待学生的态度却截然相反，他说“弟子不必不如师，师不必贤于弟子，闻道有先后，术业有专攻，如是而已”。韩愈敢于承认教师的局限和学生的优势，在那个时代，确实需要很大的勇气，承认了自己的不足和别人的长处，也就为自己的进步奠定了基础。《十三经注疏》中说“学然后知不足，教然后知困。知不足，然后能自反也。知困，然后能自强也。故曰：教学相长也”。

师生之间“是两个平等的主体之间的交流、对话与沟通”“师生关系的核心，是把教师和学生看成是真正意义上的‘人’，即师生之间只有价值的平等，而没有高低、强弱之分”。教师只有放下架子，承认自己的不足，树立起以学生为主体，以学生为服务对象的民主平等思想，才能真正地使一切教学行为都能从学生实际出发，才能根据学生的年龄特点和实际需要调整教学内容，选择恰当的教学方法。而不会再埋怨学生不好教，学生对自己不够尊敬，等等。

现代意义上的师道尊严说的是教师职业的庄重性、崇高性，但并不意味着要凌驾于学生之上，板起面孔，轻则呵斥，重则体罚，这都是对师道尊严的误读。

三、永远保持学习钻研的姿态

“学高为师”，作为教师，除了应当具备渊博的知识修养之外，还应当保持学习钻研的态度。韩愈说“古之圣人，其出人也远矣，犹且从师而问焉”，古代的圣人尚且不自满自大，始终保持谦虚好学的态度，韩愈认为这尤其值得人们学习。韩愈也以此与士大夫之族“耻学于师”的现象做对比，高下分明。

就教师而言，时常说要有一桶水，才能给学生一碗水。但是现在是一个信息爆炸的时代，知识在不断地更新，而查阅信息、交流信息也更加方便快捷。以前，答案在教师手里，教师有绝对的权威，现在学生手中都有答案，也大多能从网上搜到答案。教师知识上的优势在弱化，只有不断地学习钻研，补充、更新知识，跟上教育发展和考试发展的步伐，才能重新占领知识的高地，才能站稳讲台。

语文特级教师于永正曾说：“我每天都在读书，越读越觉得应该读。每当从镜子里瞥见自己的鬓角悄悄染上白发时，我便有被人猛击一掌的感觉，丝毫不敢懈怠啊。”

韩愈说“圣人无常师。孔子师郯子、苌弘、师襄、老聃”，圣人没有固定的老师，只要在某方面超过自己，就可以之为师，向其学习。教师每天都要面对几十甚至上百名聪明伶俐的学生，没有点真功夫是难以驾驭并让人信服的。教师应当在自己所处的领域，多方面学习请教，不断地拓展知识和技能的深度和广度，做一个知识型、研究型、专家型的教师。“努力提升教师教育的重心层次，建构开放性、发展性教师教育体系，实行教师专业化，着力提高教师专业素质。”不能仅靠单方面贫乏的库存知识，只有多方面学习，集百家之长，并精深研究，成为某一或多个领域的专家，方能站稳讲台甚至自成一家。

四、具有独立人格和为师风范

韩愈在文中称赞了李蟠“不拘于时”“能行古道”，保持了一个文化人的独立人格性。鲍鹏山在《中国文人的独立人格——庄子》中说道：“庄子的‘圣人’则是人格之圣。这是冲决一切束缚的人生，这是莫之夭阏的人格。”李蟠能够不受当时以求师为耻的不良风气的束缚，遵行古人从师学习的风尚，即体现了文人独立的人格魅力。

教师是知识分子，应当具有知识分子的特征，即独立的人格和高洁的操守，另外因为职业的缘故，还应当具备为师的高尚风范。不能随波逐流，要保持头脑的清醒冷静，客观分析问题，正确地对人对事。“教师是塑造人类灵魂的工程师，我们不管别人做什么或者怎么做，重要的是自己要坚守一个真正大写的‘人’字，守住心灵中的一片净土。”李蟠、韩愈都守住了心中的那片净土，在社会风气浮躁、功利的时候坚守了文人的那份独立与明慧。

西汉杨雄曾说：“师者，人之模范也。”学高为师，身正为范，教师的言谈举止，一举一动都应当成为学生的示范。为师的风范其实也就是教师的人格魅力，或者说是“师德”，这是教师成功的关键所在。知识并不等同于道德，而道德却最能引起人们的尊敬。而教师能让别人尊敬的最重要的还是师德或者说是风范。因为教授的知识会被淘汰，而潜移默化中教师为人风范的浸润却能永远保留在学生心中，成为影响其一生的重要因素。

“如果能够对一个学生的生活施以积极的影响，你就会影响他的将来，而且还会影响到他将来遇到的每个人。你永远都无法完全地认识自己的影响力所辐射的范围有多广。”为了给学生提供更好的教育，施以更好的影响力，我们要不断完善教师职业素养，而韩愈的《师说》就教师的专业追求、师生关系、职业素质等教师职业素养方面都给予了我们很多的启示。

本文作者：安徽省亳州一中　高洪生

字斟句酌，品味深情

——品韩愈在《师说》中流露出的情感

《师说》立意高远、语言简练、论证严密，是一篇有着现实针对性、卓越见解性的论说文。韩愈不仅阐述了老师的作用、从师的意义以及择师的原则等道理，而且还在字里行间流露出了一个国子博士对国家对社会的肺腑真情。

一、对师道不复的哀痛和忧虑

我国自古就有尊师重道的优良传统。但是到了魏晋南北朝时期，门第制度十分严格，门第观念严重破坏了从师学习的风气。韩愈生活的中唐时期，虽然推行科举制度，但耻于从师的风气仍然很盛行，贵族子弟都入弘文馆、崇文馆和国子学。因此他们无论学业如何，都有官可做，他们不愿从师学习，而且他们也反对别人从师学习。整个社会都弥漫着耻于从师的不良风气，这让作为国子监教师的韩愈深感忧虑，于是他著书立说来表明自己对轻学识、重门第这种恶劣社会风气的痛心和担忧。

“惑而不从师，其为惑也，终不解矣。”有了疑惑却不从师学习，疑惑永远不能被解答。遇到的疑惑不被解答，从小的方面看是关系到个人的成长与发展，从长远考虑就会影响到社会的进步、国家的发展。“终”字既包含了韩愈对疑惑难解的遗憾，又传递出了一个爱国志士的忧患意识。

“师道之不传也久矣！欲人之无惑也难矣！”这两句既慨叹师道不传太久了、欲人无惑太难了的社会现实，又呈现了韩愈对师道久失的痛惜和难以无惑的无奈。“久”“难”二字让韩愈对师道失传越久，社会风气就可能会越加败坏的担忧跃然纸上。

“呜呼！师道之不复，可知矣。”“呜呼”二字虽只是语气词，但却能把韩愈意识到“师道不复”后的痛苦悲伤惟妙惟肖地描摹了出来；把“师道不复”所带来的严重后果淋漓尽致地揭示出来。当预想到“师道不复”会严重影响唐王朝的巩固和社会的发展时，韩愈定是哀伤至极，仰天长叹，泪流满面。

二、对贵族子弟的鄙视和批评

韩愈对贵族子弟的鄙视和批评集中在了第二节。作者运用了三组对比，将论述的重点转移到批判现实中来。

首先，把古之圣人与今之众人进行对比。通过比较韩愈发现，今之众人的知识水平较于古之圣人相差甚远，却耻学于师，结果导致愚人更加愚笨的严重后果。“其皆出于此乎？”运用反诘的语气增强了对今之众人不肯从师的鄙夷之情。

其次，把爱其子与于其身进行对比。对于自己的孩子会用心选择老师来教导，对于自身却是把向老师学习当作耻辱。“吾未见其明也。”运用陈述的语气，毫不留情地批评了这些人在小的方面学习，在大的方面放弃的愚蠢行为。

最后，把巫医乐师百工之人和士大夫之族的学习态度进行对比。士大夫之族，瞧不起巫医乐师百工之人，却不如巫医乐师百工之人聪明，其根本原因是他们不懂得从师的道理。

而且士大夫之族中一旦有人“曰师曰弟子云者”，他们就会“群聚而笑之”。士大夫之族之所以“笑”是因为他们不学无术，没有真才实学，见识浅薄；更是因为他们饱食终日、养尊处优，不需要奋斗单凭门第就可以平步青云。门第观念远比以“道”为师更加深入他们的内心，也更符合他们不劳而获的心理。“其可怪也欤！”运用感叹的语气，辛辣地讽刺了这些既可笑又可恨的士大夫之族。

三、对儒家思想的尊敬和崇拜

中唐时期，佛老泛滥，儒学衰微，师道也就越来越不被重视。为了挽回颓势，实现振兴，韩愈掀起了一场复兴儒学的思潮——“古文运动”。他以儒家思想为基础，以“复古”为旗帜，提倡学古文，习古道，进而重新振兴儒学。推行古道，复兴儒学是韩愈倡导古文运动的根本目的，由此可见韩愈对儒学的推崇。

“师者，所以传道授业解惑也”，韩愈所谓的“道”，是儒家的思想；所谓的“业”，是儒家的经典。那些只是教授孩童学习句读的老师，在韩愈心目中算不上真正的老师。

只有能教授儒家经典、传播儒家思想的老师，才是韩愈心中的真正的老师。

“孔子曰：‘三人行，则必有我师。’”孔子是儒家学派的创始人，在这篇论说文中引用至圣先贤的名言来证明自己的观点，最具有说服力，也间接地表现出了韩愈对孔子的崇拜与敬仰之情。

四、对晚生后学的肯定和赞扬

第四节只有 38 字，却无处不呈现出韩愈对李蟠这位晚生后学的盛赞和褒扬。

“李氏子蟠，年十七，好古文，六艺经传皆通习之。”李蟠年仅“十七”就能喜欢内容充实、古朴雅正的古文而且竟能普遍地学习。此处虽只有三言两语，但韩愈对儒学思想后继有人的兴奋之情宛在眼前。

“不拘于时，学于余。”当时耻于从师的风气正盛，李蟠可以“不拘于时”，挣脱恶劣风气的束缚，积极主动地拜韩愈为师。他身上的勇气和魄力是常人远远所不能及的。

“余嘉其能行古道，作《师说》以贻之。”为了嘉奖李蟠，韩愈作《师说》来赠送给他。韩愈特意写作文章既是对李蟠不从流俗的肯定，又是对他学习古文的赞许。

《师说》穿越千年仍能闪烁着耀眼的光芒，离不开它论点的鲜明、结构的严谨、说理的透彻，更离不开韩愈在面对时弊时流露出的赤子之情。“感人心者，莫先乎情”，韩愈对师道不复的哀痛和忧虑；对贵族子弟的鄙视和批评；对儒家思想的尊敬和崇拜；对晚生后学的肯定和赞扬，让我们读到了他身上那种不畏流俗成见的勇气、忧国忧民的情怀以及“道济天下之溺”的担当。

本文作者：吉林省珲春市第一高级中学 付艳文

文质兼美，至臻淳厚

——解读《师说》的论证艺术

“文起八代之衰”的文坛巨匠，主张“唯陈言之务去”“师其意，不师其辞”，强调“文从字顺”“词必己出”，苏洵评其散文为“韩子之文，如长江大河，浑浩流转”，他就是韩愈。《师说》是他这种主张和风格的体现，文质兼美，堪称古代论说文的典范。

一、结构思路清晰，立论与驳论相结合

第一段从正面明确教师的性质和作用，并阐明从师的原因及选择老师的标准，此段为立论。开篇第一句“古之学者

必有师”，“古之”一词明确从师学习古已有之，然后明确教师的性质与作用。“师者，所以传道授业解惑也”，以此来提出观点。接着又从反面论述观点，指出从师的原因以及不从师的危害。然后指出择师的标准，“无贵无贱，无长无少，道之所存，师之所存也”。此段言简意赅，说理透辟。

第二段批判不重从师、耻于从师的不良风气，此段为驳论。这一段在论述的时候分三层进行对比论述。第一层，是“古之圣人”与“今之众人”进行对比，指出是否从师是他们的圣愚关键；第二层，以爱子为子择师而教与自己耻学于师进行对比，论述这是“小学而大遗”；第三层，把“巫医乐师百工之人”与“士大夫之族”进行对比，指出社会上轻视从师的错误风气。

第三段再次论述学必有师和以有才能者为师的道理，此段为立论。用具体事例，再次阐述学必从师和以能者为师的道理。本段以孔子从师来阐明这个道理，孔子转益多师，以孔子为例，增强说服力。进而得出“弟子不必不如师，师不必贤于弟子”的结论，即“道之所存，师之所存也”。

第四段赞扬李蟠“不拘于时”“能行古道”，点名写作缘由。此时的社会风气是“不从师”“耻学于师”，“古道”指“从师之道”。

二、论点鲜明，论证严密

在本文的第一段直接提出中心观点“古之学者必有师”，进而采用因果论证的方法阐明为什么要从师，“生非知之者”，“惑而不从师，其为惑也终不解矣”，进而明确择师的标准“道之所存，师之所存也”。

在唐以前的古代散文，并不以议论见长，即使是孟子、荀子，在他们的文章中也多数通过比喻和寓言来说理，而韩愈这篇文章则有严密的论证结构，逻辑思维超过了前人。开头第一段的论述可以作为我们现今教学任务驱动型作文写法的借鉴，即针对材料提出观点，然后可以采用因果论证的方式进行论述。后面两段的论证方法我们也可以采用，即第二段通过反面批驳再次论证观点，充分论述“人必有师”的中心观点。下一段通过正面深入论述论证观点，逻辑严密。这种结构的论述完全可以应用到我们的任务驱动型作文的写作中，整个内容的论述针对现实，有的放矢，紧紧围绕材料内容进行论述。

魏晋以后，师道不存，门第之风盛行，士庶有明显区别，而士族子弟可以凭自己的门第步入仕途，庶族子弟却奔走无门，备受责难，且以从师学习为耻，到唐代中叶，这种风气愈演愈烈，柳宗元在《答韦中立论师道》中说："由魏晋氏以下，人益不事师。今之世，不闻有师，有，辄哗众笑之，以为狂人。独韩愈奋不顾流俗，犯笑侮，收召后学，作《师说》，因抗颜而为师。"可见韩愈写作《师说》是有现实依据的，是有很强的针对性的，其实这就是我们所说的任务驱动型作文的材料，即针对问题发表自己的见解。

纵观《师说》我们可以看到整篇文章都是在围绕中心观点在进行论述。

三、正反对比，论证有力

在第二段作者用了三个对比，首先用"古之圣人"从师学习而"今之众人"耻学于师进行对比，指出从师学习和不从师学习的两种截然相反的结果。其次用“爱其子”择师而教，与“于其身”则轻视从师进行对比，再次以“巫医乐师百工之人”不耻相师，“士大夫之族”群聚而笑形成对比，指出士大夫的错误。三个对比从后果、行为、心理三个方面深入分析，正反对比鲜明，从而也论证了本段的分论点“师道之不传也久矣”的原因。

在我们的作文写作中，可以采用两个段落之间进行对比，也可以采用一个段落内部进行对比，通过对比，形象更为鲜明，论述更为深刻。同时，第一段为立论段落，本段是一个驳论段落，在议论文写作中，我们也可以采用这种方式。

四、引用论证，增强说服力

文章中韩愈引用“孔子”的言行作为例证。孔子曾向郯子问过少皞氏（传说中古代帝王）时代的官职名称，向苌弘请教古乐，向师襄学习弹琴，向老聃请教礼仪，并引用孔子“三人行，则必有我师”的名言来论证“学必从师”的观点，增强了文章的说服力。所以在议论文的写作中也可以引用名人的言行来佐证自己的观点。

五、句式多变，感情充沛

在本文中，韩愈运用了很多不同的句型和语气词，感情充沛。如用反诘语气表肯定的句子：“夫庸知其年之先后吾乎？”“人非生而知之者，孰能无惑？”如用推测语气表肯定的语句：“圣人之所以为圣，愚人之所以为愚，其皆出于此乎？”又如用肯定语气表判断：“吾未见其明也。”再如其用感叹的语气表判断：“其可怪也欤！”作者不满的情绪表露无遗，而且对批判的对象表达了蔑视和鄙夷。同时以感叹起头，以感叹结尾，感情充沛。

此外韩愈在本文中灵活运用排比对偶句，使得以散句为主的本文“奇偶交错”，古朴与典雅融为一体。如“圣人”与“众人”的对比，如“生乎吾前，其闻道也故先乎吾，吾从而师之；生乎吾后，其闻道也亦先乎吾，吾从而师之”。排偶句的运用使文章行文富于变化，有参差错落的美感，使说理更透彻，节奏更鲜明，感情更强烈。

除了排偶句，本文还运用顶真句。顶针句多用于诗歌，能使诗歌摇曳生姿，曲意回环，而韩愈用之于散文，如“人非生而知之者，孰能无惑，惑而不从师……”“弟子不必不如师，师不必贤于弟子”。这种顶针的句式可以增强文章的气势，增强情感的表达，使文章更有韵味。

在本文中还大量运用语气词“也”“矣”“焉”等。句式的多变，语气词的运用，使文章感情充沛，富有感染力。

在议论文写作中我们可以借鉴韩愈这篇文章的写法，即灵活运用多种句式和语气词，使文章富于变化，感情更充沛。在写作中我们还可以综合运用各种修辞方法使文章更加生动形象，说理更加透辟。

《师说》一文论点鲜明突出，理论阐述与事实例证相结合，立论与驳论相结合，有理有据，论证严密，有很强的说服力。采用对比和引用论证并灵活运用多种句式，使文章文质兼美，至臻淳厚！

本文作者：黑龙江省绥芬河市高级中学　由春秋

8. 琵琶行

白居易

元和十年，予左迁九江郡司马。明年秋，送客湓浦口，闻舟中夜弹琵琶者，听其音，铮铮然有京都声。问其人，本长安倡女，尝学琵琶于穆、曹二善才，年长色衰，委身为贾人妇。遂命酒，使快弹数曲。曲罢悯然，自叙少小时欢乐事，今漂沦憔悴，转徙于江湖间。予出官二年，恬然自安，感斯人言，是夕始觉有迁谪意。因为长句，歌以赠之，凡六百一十六言，命曰《琵琶行》。

浔阳江头夜送客，枫叶荻花秋瑟瑟。主人下马客在船，举酒欲饮无管弦。醉不成欢惨将别，别时茫茫江浸月。

忽闻水上琵琶声，主人忘归客不发。寻声暗问弹者谁，琵琶声停欲语迟。移船相近邀相见，添酒回灯重开宴。千呼万唤始出来，犹抱琵琶半遮面。转轴拨弦三两声，未成曲调先有情。弦弦掩抑声声思，似诉平生不得志。低眉信手续续弹，说尽心中无限事。轻拢慢捻抹复挑，初为《霓裳》后《六幺》。大弦嘈嘈如急雨，小弦切切如私语。嘈嘈切切错杂弹，大珠小珠落玉盘。间关莺语花底滑，幽咽泉流冰下难。冰泉冷涩弦凝绝，凝绝不通声暂歇。别有幽愁暗恨生，此时无声胜有声。银瓶乍破水浆迸，铁骑突出刀枪鸣。曲终收拨当心画，四弦一声如裂帛。东船西舫悄无言，唯见江心秋月白。

沉吟放拨插弦中，整顿衣裳起敛容。自言本是京城女，家在虾蟆陵下住。十三学得琵琶成，名属教坊第一部。曲罢曾教善才服，妆成每被秋娘妒。五陵年少争缠头，一曲红绡不知数。钿头银篦击节碎，血色罗裙翻酒污。今年欢笑复明年，秋月春风等闲度。弟走从军阿姨死，暮去朝来颜色故。门前冷落鞍马稀，老大嫁作商人妇。商人重利轻别离，前月浮梁买茶去。去来江口守空船，绕船月明江水寒。夜深忽梦少年事，梦啼妆泪红阑干。

我闻琵琶已叹息，又闻此语重唧唧。同是天涯沦落人，相逢何必曾相识！我从去年辞帝京，谪居卧病浔阳城。浔阳地僻无音乐，终岁不闻丝竹声。住近湓江地低湿，黄芦苦竹绕宅生。其间旦暮闻何物？杜鹃啼血猿哀鸣。春江花朝秋月夜，往往取酒还独倾。岂无山歌与村笛，呕哑嘲哳难为听。今夜闻君琵琶语，如听仙乐耳暂明。莫辞更坐弹一曲，为君翻作《琵琶行》。

感我此言良久立，却坐促弦弦转急。凄凄不似向前声，满座重闻皆掩泣。座中泣下谁最多？江州司马青衫湿。

《琵琶行》所见“弟走从军阿姨死”语义考论

传统文化的相关知识与信息经常出现在语文文本中，尤其在文言文中，这种现象尤为突出。文言文写作的时间跨度非常大，今天的人研读几百年前，甚至是两千多年前的古人著作，如果不了解作者所处时代的政治、经济、军事、文化等内容，就无法准确地理解文本的寓意，甚至可能会“望文生义”。正如孟子所说：“颂其诗，读其书，不知其人可乎？是以论其世也。”由此可见，文本研读的过程中，传统文化知识理解的准确性与全面性将直接决定文本解读的准确性与深刻性。

本文略举一相关例子来说明，白居易的《琵笆行》是一篇典范的文言文，无论是人教版、语文版还是苏教版教材都将这篇文章收录为课文。文中有这样一段文字：

弟走从军阿姨死，暮去朝来颜色故。

门前冷落车马稀，老大嫁作商人妇。

从文章的上下文叙事内容可知，造成“门前冷落车马稀”即来客日益稀少的原因在于“弟走从军阿姨死”，加之琵琶女日益“老大”年岁逐渐增加，按照其自己的说法即“年长色衰，委身为贾人妇”，不得已停止了这份曾经让她“五陵年少争缠头，一曲红绡不知数”无比风光的工作，委身嫁给商人。

目前，各个版本的教材均未对“阿姨”和“弟弟”做以解释和说明，而这两个人与琵琶女的关系也就无法确定。所以，很多老师将阿姨解释为妓院的鸨母，弟弟则是琵琶女的年幼的同辈男性家人，以此将“弟走从军阿姨死”解释为“（琵琶女的）弟弟出走参军，鸨母去世”。

实际上，只要根据文章本身的逻辑关系，就不难发现，这种解释是不合适的。如果将“弟弟”解释成为琵琶女的年幼的男性同辈亲人，也就是我们通常使用的弟弟本义，那么“弟弟”参军与否，与琵琶女能否继续从事其职业与工作并不会构成必然因果关系。另外，“阿姨”是不是就能按照推测，理解成为后世妓院的鸨母呢？如果是的话，“阿姨”之死，自然会对琵琶女的工作产生一定程度的影响，但这种影响也一定不具有决定意义。

事实上，文章中已经给读者进行了相关内容的交代，文章开头即谈到白居易询问其人“问其人，本长安倡女”。琵琶女自述身世，讲到“自言本是京城女，家在虾蟆陵下住，十三学得琵琶成，名属教坊第一部”。关键词在于“倡女”“虾蟆陵”“教坊”“名属”。

在古代“倡”与“娼”，“伎”与“妓”是性质不同的两种职业，后代虽有逐渐趋同和混同的倾向，但至少在唐代二者还是截然不同的。“倡伎”指的是从事艺术表演的人员。琵琶女即属此类，既然如此，琵琶女不能视为“娼妓”，“阿姨”也不能等同于老鸨（母）了。

第二个关键词是“教坊”，各个版本的教材，在其页下注释一般都对教坊进行了简单的介绍，如人教版的解释是：“教坊：唐代所设的掌管音乐、教练歌舞的机关。”其对于教坊的性质、隶属关系、工作人员的身份，尤其是其与妓院的差异，并没有进行解释和说明。加之，读者对相关文化知识不甚关注与理解，就容易得过且过，简单解释。

实际上，教坊创立于唐初，五代、宋、金、明皆有沿袭。一般情况下，其隶属于太常或少府，属于官方艺术机构，如果要以今天相参照对比的话，至少是官方乐团或歌舞团。其主体工作是为朝廷或官方提供乐舞演出，但也允许他们开展以营利为目的的小规模表演活动。

第三个关键词是“名属”和“虾蟆陵”，唐代户籍制度是十分森严的。这种森严不仅体现在户籍的普查与登记上，更反映在其与行业划分的结合上。实际上，唐代户籍深刻体现了唐代职业与社会等级制度的划分。

总体来说，除皇亲贵族与官僚地主外，其他社会成员的等级基本上是按照士（获得读书功名与军户军功者）、农（至少是自耕农）、工（艺匠之类）、商、奴（部曲、佃户、家奴等）的先后顺序排列划分的。前两类人可通过军功或科举实现个人及家族“成分”的提升，进入官僚地主乃至贵族行列。而后三者，从政治制度方面是坚决制止其个人与家族“成分”提升变更的（当然，事实上有特例）。

比如，按照当时的政治与科举制度，工、商、奴及罪人之后是不允许参加科举考试的（所以，罪人之后、商人之子的李白无参加科举的资格）。而琵琶女是教坊女子，乃是乐籍，唐代孙棨《北里志·序》“京中饮妓，籍属教坊，凡朝士宴聚，须假诸曹署行牒，然后能致于他处”。其家“虾蟆陵”即唐代教坊聚集地。从而得出，绝无其属乐籍而弟弟属军籍的情况。

参考当时的政治制度固然重要，而最为直接的证据，莫过于同时期古人文献记载。所幸有唐代崔令钦所著《教坊记》《北里志》传世，其中较为详细地记载了教坊制度及教坊生活：“坊中诸女以气类相似，约为香火兄弟。每多至十四五人，少不下八九辈。”“皆冒假母姓，呼以弟兄为之行第，率不在三旬之内。”可见，以兄弟相称不仅是男子专利，教坊女郎亦可。而教坊女从军则更好解释，教坊女属于官妓体系，如《全元杂剧》收录马致远仿《琵琶行》作品《江州司马青衫泪》中就有：“妾身裴兴奴是也。在这教坊司乐籍中现应官妓。”

而官妓从军入伍成为营妓的现象也非常常见。如高适的《燕歌行》就有“将士军前半死生，美人帐下犹歌舞”的诗句，其中的美人即是营妓。正因为假母去世，姐妹参军，自己原来的生活团体分崩离析，才导致了“门前冷落车马稀”，继而无奈“嫁作商人妇”。

本文作者：辽宁省沈阳市第二十八中学　陈　明

三线平行，圆环反复，共谱一曲“天涯沦落”的绝唱

——浅谈白居易《琵琶行》的叙事艺术

《琵琶行》写于诗人被贬谪江州的第二年，因到江头送客，临行饯别，听临船有“铮铮然有京都声”的琵琶弹奏，触发了对京城的怀念，听完后“始觉有迁谪意”。在诗中，诗人视琵琶女为天涯知己，与其同病相怜。哭人哭己，使作品具有很高的感染力，这种感染力，主要体现在两个方面。

一、运用双线叙事结构，将叙述者与被叙述者的身世遭遇融为一体，达到你中有我，我中有你，前后呼应，交相辉映，最终把天涯沦落之恨的抒发推向高潮

白居易在诗的小序中先简略地交代了自己（即叙述者）的遭遇，“元和十年，予左迁九江郡司马”“予出官二年，恬然自安，感斯人言，是夕始觉有迁谪意”，这是能被琵琶声吸引并最终“泣下”最多的原因。然而，作为叙述者，并没有交代自己更多的身世，而其身世遭遇，是通过琵琶女的叙述来补充的。

琵琶女的“十三学得琵琶成，名属教坊第一部”与诗人“及五六岁，便学为诗。九岁，谙识声韵。十五六，始知有进士，苦节读书。二十已来，昼课赋，夜课书，间又课诗，不遑寝息矣。以至于口舌成疮，手肘成胝，既壮而肤革不丰盈，未老而齿发早衰白”极为相似，可以说是诗人苦学成才的象征；而“曲罢曾教善才服，妆成每被秋娘妒”则是“居易幼聪慧绝人，襟怀宏放。年十五六时，袖文一篇，投著作郎吴人顾况。……览居易文，不觉迎门礼遇，曰：‘吾谓斯文遂绝，复得吾子矣！’”诗人这段经历的说明；“商人重利轻别离，前月浮梁买茶去”中的商人又象征着皇帝，在君臣父子夫妇一体的伦理体系中，这三对关系是可以互相象征的。

“居易自以逢好文之主，欲以生平所贮，仰酬恩造”，这是白居易的主观意图，“嫁作商人妇”与“卖与帝王家”

的心理是一样的。“上颇不悦，谓李绛曰：‘白居易小子，是朕拔擢致名位，而无礼于朕，朕实难奈！’”皇帝对诗人才华的欣赏多半出于装潢门面的需要，就像唐玄宗召李白入京一样，如果真以为可以规谏时弊就大错特错了，因此被贬是迟早的事情。

诗人借琵琶女的身世遭遇，间接地介绍了自己的遭遇，而琵琶女在江州的经历却只用“去来江口守空船”一句略过，未免有些草草。但不用着急，关于这一段遭遇，诗人又通过对自己经历的详细描写做了补充：“浔阳地僻无音乐，终岁不闻丝竹声。住近湓江地低湿，黄芦苦竹绕宅生。其间旦暮闻何物？杜鹃啼血猿哀鸣。春江花朝秋月夜，往往取酒还独倾。岂无山歌与村笛？呕哑嘲哳难为听。”诗人用了整整 10 句来描述自己的感受，这种感受其实也是琵琶女的感受。正因为有这种共同的感受，琵琶女才会褪去初见时的羞涩矜持，而“感我此言良久立，却坐促弦弦转急”，倾心地补奏一曲。

大家读《琵琶行》，一般认为以叙写琵琶女的故事为主，是明线，其实，诗人真正的意图是借琵琶女的身世叙写自己的天涯沦落之恨。正如宋人洪迈所说：“白乐天《琵琶行》一篇，读者但羡其风姿，敬其词章。至形于乐府，咏歌之不足，遂以为真为长安故倡所作，乐天之意，直欲抒写天涯沦落之恨耳。”

二、《琵琶行》叙事艺术的特异之处，还在于白居易借音乐来写故事，与琵琶女的故事、“我”的故事形成三线平行的叙事结构

白居易的《琵琶行》形象感人，原因就在于琵琶声中是有故事的，有白居易的，也有琵琶女的，不仅仅是描写性的，也是叙事性的。琵琶声在诗中，不仅是琵琶女与诗人相遇并产生“同是天涯沦落人，相逢何必曾相识”的触媒，更是一段与他们的身世相互映衬的故事。

“转轴拨弦三两声，未成曲调先有情”这两句是演奏前的试弹，音调柔和婉转，仿佛是交谈前寒暄，既表现了琵琶女高超娴熟的技艺，也透露出诗人欣赏音乐的深厚功底，是进入促膝深谈前的准备；“弦弦掩抑声声思，似诉平生不得志。低眉信手续续弹，说尽心中无限事”此四句已经进入回忆状态，低沉舒缓，与下文的“自言本是京城女，家在虾蟆陵下住。十三学得琵琶成，名属教坊第一部”相照应。

琵琶女弹奏的同时，脑海中出现的可能就是这些情景，而白居易可能也正沉浸在自己的京城往事中；“轻拢慢捻抹复挑，初为《霓裳》后《六幺》”此二句比较流畅，弹奏动作多变，曲调繁复变化，与下文的“曲罢曾教善才服，妆成每被秋娘妒”相映衬；“大弦嘈嘈如急雨，小弦切切如私语。嘈嘈切切错杂弹，大珠小珠落玉盘”这四句连用三个比喻，一会儿急迫，一会儿温存，一会儿清脆明朗，恰可与下文的“五陵年少争缠头，一曲红绡不知数。钿头银篦击节碎，血色罗裙翻酒污”描写相对照；“间关莺语花底滑，幽咽泉流冰下难”这一句承前启后，由欢快转为沉郁，下文的“今年欢笑复明年，秋月春风等闲度”是最好的说明；“冰泉冷涩弦凝绝，凝绝不通声暂歇。别有幽愁暗恨生，此时无声胜有声”，这四句最为传神，既写出琵琶女的沦落过程，也点出了白居易的迁谪之意。

琵琶女的沦落正如下文中“弟走从军阿姨死……绕船月明江水寒”等八句所写，令人动容；“银瓶乍破水浆迸，铁骑突出刀枪鸣。曲终收拨当心画，四弦一声如裂帛”，琵琶弹奏到了高潮，表达琵琶女对不平命运的控诉，其中自然也有诗人的心声。琵琶声到此戛然而止，给人留下无尽的想象。

随着琵琶演奏的起伏，琵琶女和诗人都像重温了一遍自己的往事，这种情绪，白居易用“夜深忽梦少年事，梦啼妆泪红阑干”一句进行了补充交代。

《琵琶行》诗中的三个故事——琵琶所弹奏的隐喻故事、诗人所叙述的琵琶女的故事和诗人所自述的“我”的故事，是相对独立和完整的，三个故事三条线索，构成了三个重复的圆环结构。它们平行发展，互相映衬与补充，逐步渲染和深化，共同完成了“天涯沦落”的主题呈现。更为巧妙的是，白居易将三个重复的圆环结构有机地嵌在了诗人与琵琶女偶遇——相知——分别的故事框架中，通过环境的渲染与必要的叙述，形成了故事套故事的完整整体，这是白居易的独创，在中国古代叙事诗的历史中，很难被超越。

本文作者：山西省康杰中学　张建文

从琵琶女的真实性解读《琵琶行》主题的两面性

作为一首优秀的长篇叙事抒情诗的《琵琶行》，其出色的音乐描写及细腻的情感历来为人称道，唐宣宗李忱曾写诗悼念白居易，其中就有“童子解吟《长恨》曲，胡儿能唱《琵琶篇》”之句。但人们就其塑造的琵琶女的真实性历来有不同看法。接下来本文就琵琶女的真实性来个性解读《琵琶行》主题的两面性。

一、男儿有泪不轻弹，只因未到伤心处——“人我合一”的主观情感的倾诉

《琵琶行》作于白居易贬官到江州的第二年，作品借叙

述琵琶女的高超技艺、凄凉身世、弹奏的乐曲来揭示她的内心世界。先是“未成曲调”之“有情”，然后“弦弦”“声声思”，诉尽了“生平不得志”和“心中无限事”，展现了琵琶女起伏回荡的心潮。然后写琵琶女自诉身世：当年技艺曾教“善才服”，容貌“妆成每被秋娘妒”，京都少年“争缠头”“一曲红绡不知数”。最后写诗人感情的波涛为琵琶女的命运所激动，发出了“同是天涯沦落人，相逢何必曾相识”的感叹，抒发了同病相怜、同声相应的情怀。

其实琵琶女的内心世界与身世经历同白居易是相似的。白居易任谏官时，直言敢谏，同情民间疾苦，写了大量的讽喻诗，触怒了唐宪宗，得罪了权贵。元和十年，宰相武元衡被藩镇李师道派人刺杀。白居易情急之中上书请捕刺客，触犯了权贵的利益，被指责越职奏事，贬为江州刺史；又进而诬陷他作《赏花》《新井》诗“甚伤名教”，再贬江州司马。江州当时被看成是“蛮瘴之地”，江州司马虽然名义上是刺史的佐史，实际上是一种闲散职务，这对白居易来说是一种莫大的嘲弄。他的被贬其实是一桩冤案，他连遭打击，心境凄凉，满怀郁愤。

可以说诗人与琵琶女并不是“同是天涯沦落人”，其实是一个人。这与苏轼《赤壁赋》中主客之间的矛盾的解释是一样的。宋人洪迈认为夜遇琵琶女之事未必可信，而是通过虚构的情节，抒发他自己的“天涯沦落之恨”。（《容斋随笔》卷七）白居易把自己当成是琵琶女，借琵琶女来倾诉自己的情殇。歌咏者与被歌咏者的思想感情融二为一，说你也是说我，说我也是说你，命运相同、息息相关。因此在这里文章的主题就是简简单单的诗人主观情感的宣泄，男儿有泪不轻弹，只因未到伤心处，诗人的心里是有柔和与脆弱的一面的。

二、琶女不知青衫泪，隔岸犹弹琵琶曲——“长安故倡”与“落魄文人”的现实意义

诗中写琵琶女自诉其辛酸的往事和眼下的不幸遭遇，从她的诉说来看，她本是个色艺俱佳的艺人。当其年轻时，五陵年少、富贵公子争相馈赠缠头之费。春花秋月，良辰美景，就这样一天又一天，一年又一年地过去了。然而荣华易失，容颜易衰，一个年老色衰的艺人再也没有人靠近了，她像一个被人用坏的玩具一样被那些富贵子弟们所抛弃。“门前冷落鞍马稀”正是封建时代包括琵琶女在内的许多歌舞艺人晚年的形象写照。

琵琶女她青春年少时的美丽，她的多才多艺，她悲惨的身世以及“犹抱琵琶半遮面”时的羞愧、哀怨都是他人所无法替代的，这个形象体现了个性与共性的统一。从文本对琵琶女极其出色的技艺的描写和她早年的春风得意，中年的门前冷落，晚年的独守空闺的不幸遭遇来看，诗歌确实塑造了琵琶女和诗人自己这两个鲜明的艺术形象。

琵琶女叙述身世后，诗人以为他们“同是天涯沦落人”。诗人叙述身世后，琵琶女则“感我此言良久立”，琵琶女再弹一曲后，诗人则更是“江州司马青衫湿”。风尘知己，处处动人怜爱。

作者在《序》中说：“予出官二年，恬然自安；感斯人言，是夕始觉有迁谪意。”在这里，诗人把一个琵琶女视为自己的风尘知己，与她同病相怜，写人写己，哭己哭人，宦海的浮沉、生命的悲哀，全部融合为一体。如果说那虚构的情节真实地反映了琵琶女的不幸遭遇，那么就诗的客观意义说，它不仅抒发了“落魄文人”的抑郁苦闷，也抒发了“长安故倡”的“天涯沦落之恨”。表现了诗人对一个处于社会最底层的女艺人的真挚同情。她有可悲的不幸命运，诗人则被贬出官，社会地位虽不同，但在身怀才艺而不被重用，以至沦落天涯，这一点上是相通的。

因此，作者将“满腔迁谪之感，借商妇以发之，有同病相怜之意焉”。(《唐宋诗醇》卷二十二) 那么这首诗批判封建社会的现实意义就得以通过“落魄文人”与“长安故倡”显现，更具有说服力。通过写琵琶女生活的不幸，结合诗人自己在宦途所受到的打击，唱出了“同是天涯沦落人，相逢何必曾相识”的心声。

社会的动荡，世态的炎凉，对不幸者命运的同情，对自身失意的感慨，这些本来积蓄在心中的沉痛感受，都一起倾于诗中。在此基础上人们普遍把这首诗的主题概括为诗人白居易描写了琵琶女演奏琵琶的情景，叙述了琵琶女的不幸遭遇，进而联系自己的亲身经历，揭露了封建社会种种不合理的现象，表达了自己对琵琶女的同情以及对黑暗社会的愤慨。

白居易是位现实主义大家，他的诗歌大多是感时伤世，关于这一点诗人在《与元九书》中谈感伤诗这一题材时这么说过，“有事物寄于外，情理动于内，随感遇而形于叹咏者”，这首诗也不例外。

本文作者：内蒙古自治区乌兰浩特市第十五中学　芳　华

9.陋室铭

刘禹锡

山不在高，有仙则名。水不在深，有龙则灵。斯是陋室，惟吾德馨。苔痕上阶绿，草色入帘青。谈笑有鸿儒，往来无白丁。可以调素琴，阅金经。无丝竹之乱耳，无案牍之劳形。南阳诸葛庐，西蜀子云亭。孔子云：“何陋之有？”

千古一人，陋室何铭

“青史几番春梦，红尘多少奇才”，若真要在茫茫世间找到自己立足之境，就必须回答“我是谁”“我要往哪里去”这两个基本问题。只有回答了这两个问题，才能掌控自己人生的小舟，在暗夜风雨来袭时，不惶惑、不迷茫、不沉沦，即使“短发萧疏襟袖冷”，也可以“稳泛沧溟空阔”。借由一篇《陋室铭》，刘禹锡将自己的回答刻进了岁月，铭入了人心。

“陋”字，有丑陋、粗陋之意；有浅陋、孤陋之意，亦有狭小，简陋之意。作为贬官，刘禹锡陋室是真的简陋，从客观条件看，只能用鲁迅的话“似乎确凿只有些野草”来形容了。苔藓是长在湿潮之处的，这里已蔓延到阶砌上，不难想象其荒草掩径，阴暗低湿，环堵萧然之状。对寻常人而言这都绝非宜居之地，更何况22岁中进士，23岁登宏辞科，24岁登吏部取士科，三登文科，享誉京华，却在“土风僻陋”的荒野蛮乡被无罪搁置、空耗生命的刘禹锡？“巴山楚水凄凉地，二十三年弃置身”，面对此情此景，他那颗饱受政治迫害、备受“浮谤如川”的流言摧残，而又敏感多思的诗人之心，该是多么悲愤而又无助！

然而刘禹锡没有，他一来就豪迈地指点山水。“山不在高，有仙则名。水不在深，有龙则灵。”“山”“水”的关键不在于是否“高”“深”，而在于有无“仙”“龙”。看问题先抓主要矛盾，这是朴素唯物主义的观点，这是一位见解深邃透辟的思想家在发言。

山水在中国古人心中的地位一向是如此神圣——世人带着小心翼翼的赞叹激赏，“高山仰止，景行行止”；如此神秘——“只在此山中，云深不知处”“空山无人，水流花开”；如此神妙——“仁者乐山，智者乐水”……人们拜山谒水、纵情山水、忘怀山水……山水早已不仅仅是山水，它们几乎是天地大化的代言，是无数贬官隐士逃避自我的精神憩园。

但在刘禹锡眼中，山水就是山水，他毫不客气地拿来类比以推出自己的陋室——“斯是陋室，惟吾德馨”。“黍稷非馨，明德惟馨”，能真正散发香气的是美德。“苟余心之端直兮，虽僻远其何伤”，多么自信，分明和屈原一样，对自身人格有着无比的坚信与执着。被贬又如何，居陋室又如何？外物不过是外物，如何能衡量我、标注我、改变我？透过“惟”一字，可以看出作者对于自身“德馨”的爱重和坚信。我是我，相信只要我修身洁志，正道直行，就定能一路馨香地走过，无悔无愧，以证初心。坚持真理，义无反顾，一派儒家风骨。

修德修心，“心悦则物美”，境由心生。你看，“苔痕上阶绿，草色入帘青”。这一派自然古朴的清凉之境，宜书宜画，宜诗宜茶。“上”“入”二字更是化腐朽为神奇。只见小小苔藓徐徐展开如茵绿毯，殷勤为主人轻铺阶砌；青青草色，不甘被隔在重重帘幕外，迫不及待地要登堂入室，以亲主人芳泽。多么清雅别致，何来丑陋？

主人的“德馨”不仅令草木心折，更引得雅客翩至，“谈笑有鸿儒，往来无白丁”。“鸿儒”又称大儒，硕儒。王充《论衡》中说：“故夫能说一经者为儒生，博览古今者为通人，采掇传书以奏记者为文人，能精思著文连结篇章者为鸿儒。”

刘禹锡乃性情中人，豪爽热情，重情尚义，交游甚广。在谪居期间，与他往来的诗人学者非常多，且新交不断，故旧情长。白居易、元稹、李吉甫、武无衡、李景俭、柳宗元、杨归厚、郑余庆、崔元受都是座上宾。而他与柳宗元的生死之交更为后人称道。陋室虽僻远，但有嘉宾如许，眼界开阔，何来孤陋、浅陋？主客"谈笑"间，烦恼愤懑灰飞烟灭。

这里的"谈笑"分明是属于胜利者的姿态！"陋室"在这里已成为顶级文人雅集之所，"白丁"们绝无机会登堂入室。我觉得这里的"白丁"应该是暗指那些不学无术的俗客，尤其是那些营营苟苟的阴谋权奸们。

刘禹锡从未轻视过平民，反倒是那些高高在上的大人物常常成为他讽刺的对象。像糊涂皇帝及他提拔的一茬不如一茬的新贵们，"百亩庭中半是苔，桃花开过菜花开，种桃道士归何处？前度刘郎今又来"（《再游玄都观》）；像"鹰隼仪形蝼蚁心，虽能戾天何足贵"的权奸们（《飞鸢操》）；还有用尽阴谋手段的无耻政客们，"我躯七尺尔如芒，我孤尔众能我伤"（《聚蚊谣》）。所以如他在《秋萤引》中，把"天生有光非自衒"的秋萤与蚊虫妖鸟的丑恶阴暗作对比一样，这里他也随手一击，用"白丁"暗讽那些不修德行，一心只知倾轧的反动政客们。他们与陋室的主人和客人们比起来，水平太差，简直就是“白丁”，根本没资格登上陋室的台阶。

与中唐其他贬谪文人不同，即使在极度困顿的境遇中，刘禹锡仍不肯降心辱志，改弦易辙。他从未以罪臣自居，直到过世前在《子刘子自传》中还毫不含糊地认为当年投身的那场革新运动“人或加讪，心无疵兮”。正是基于对自己理想信念的坚定，他才会在“世道剧颓波”的形势下，在“纷百扰而攻中”的贬谪岁月中始终坚信：“千淘万漉虽辛苦，吹尽狂沙始到金。”子曰“士不可以不弘毅”，刘禹锡是真正的“弘毅之士”。他的方向一直很明确：“达则兼济天下”——像孔明那样襄辅明主，“穷则独善其身”——像杨雄一样妙手华章。

陋室虽小，却能予诗人以大自由。诗人用两个“可以”与两个“无”对比，展现了室中生活的闲雅自在。人多认为“素琴”之“素”是不加修饰的意思，如果是这样，“素琴”与下文“丝竹”同指音乐声，其实差别不大，何以对比？我觉得这里也许是另有所指。

陶潜也弹“素琴”，而且他的“素琴”连弦都没有，但他却说“但识琴中趣，何劳指上音”。因为这琴不是弹给别人听，“调素琴”，听的是自己的心，拨动的是自己的心弦，所以琴的形式不重要，这个意义上才称得上“素”。唯一需要的是静，因而嘈杂的丝竹声是入不得耳的。

心音要静听，那些起起落落的大悲痛与大苦楚之后的反思，在这时渐渐明晰，终于沉淀成为一种指向引未来的力量。而二十几年的弃逐，还是会有些难以化开的块垒，就都交由一部部宝贵的佛经去开释吧！玄妙的佛理为他宣泄化解现实的烦忧，照见五蕴皆空，让他生出超脱的情怀，重获心灵的平静与喜悦。于是发现做个“闲人”也挺好，“用舍由时，行藏在我，袖手何妨闲处看”。

“无案牍之劳形”，正好让他有更多的时间精力去做自己想做的事。在这里，他俯仰天地，作《天论》，提出“人天交相胜”“人能胜于天”的哲学命题；他呼啸沧桑，咏史鉴今，他的怀古作品在独特而深邃的理性哲思中体现了他的现实主义关怀；他仿效当地民歌做乐府小章“开朗流畅，含思宛转”……

狭小简陋的陋室没能锁住他弃旧图新、面向未来的乐观精神，没能压制住他奔腾游走、激越高亢的生命活力，没能磨灭他傲视忧患、超越苦难的旷达情怀。反而“拓展了他精神生命的活动空间，显示了历史重压下人性的顽强，树立了他正道直行，守志有恒，自强不息的人格形象，为中国文学注入了乐观进取的文化因子。

可以说，“陋室”是刘禹锡二十三年贬谪人生的生命道场，就像黄州之于苏东坡，龙场之于王阳明，最终成就了他人生的大山水。而始终坚信“惟吾德馨”的刘禹锡在“陋室”上铭刻下的，正是千古以来，中华民族的文人风骨。千古以来，一人而已。

本文作者：黑龙江省牡丹江市第四中学　许　彬

从刘禹锡的人生遭遇看《陋室铭》的韵味

《陋室铭》是千古名篇，此文短小精悍，却堪称经典。这篇文章用很少的语言展现了极为丰富的人生志趣和追求。《陋室铭》不见于刘禹锡的文集中，但古人讽诵之间一直视之为刘梦得之作，其入选中学语文教材已有多年的历史，是一篇经典课文，课本上标注的作者一直以来也都是刘禹锡。其实关于《陋室铭》的作者究竟是谁，在新中国成立以后的学术界一直有争论，这里做一点必要的交代。

1963 年，卞孝萱先生的《刘禹锡年谱》刊行问世，对涉及的史料争论多有考订。此后于北山根据宋代初期名僧“孤山智圆”之说，推断此文乃他人窃名之作，并非出自刘氏之手。1996 年段塔丽先生提出一种新观点，认为《陋室铭》的真正作者应该是崔沔，其依据乃是《新唐书·崔沔传》中有这样的记载：尝作《陋室铭》以见志。同年文史大家吴小如先生加以申论，认为“今所见《陋室铭》实不类唐人作品”“如确信其为唐人手笔，则宁信其作者为崔沔，亦不宜属之刘禹锡”。稍晚，卞孝萱先生的论学长信在《文史知识》刊出，正式确认了他对“伪作说”的赞同立场。

总结起来就是，有部分学术权威对《陋室铭》的作者是刘禹锡持否认态度，甚至有的还拿出了看似确凿的证据。但不管“证据”多么看似确凿，都抵挡不住一千多年阅读实际的检验。而且尚有论者结合刘禹锡的人生遭遇和其他有明确记载的诗文来印证《陋室铭》的作者确是刘禹锡。接下来，此文就结合着学术界所承认的刘禹锡的人生遭遇，来谈写作《陋室铭》的经过及其所蕴含的无穷趣味。也便读者自己辨别《陋室铭》的作者为刘禹锡，然否？

刘禹锡曾经任职监察御史，任职期间他参加了王叔文的“永贞革新”，反对宦官和藩镇割据势力。但不久，革新失败，刘禹锡也因此而获罪，他被贬至安徽和州县当了一名被人看不起的小小的通判。按唐朝当时的规定，通判应在县衙里住三间三厢的房子。可当时和州知县看人下菜碟的现象比比皆是，何况见刘禹锡是被贬谪于此，应该永无翻身之日，又见刘禹锡是这样的软柿子，就故意刁难。先安排他在城南面江而居，刘禹锡不但毫无怨言，反而很高兴，还随意写下两句诗，贴在门上，诗云："面对大江观白帆，身在和州思争辩。"

和州知县读到这两句诗后很生气，又是蓄意刁难。吩咐衙里差役把刘禹锡的住处从县城南门迁到县城北门，面积也由原来的三间减少到一间半。此刻，刘禹锡叫天天不应，叫地地不灵。新居位于德胜河边，附近垂柳依依，环境怡人，刘禹锡感到还可心，于是仍不计较，并见景生情，诗兴大发，又在门上写了两句话，诗云："垂柳青青江水边，人在历阳心在京。"

那位知县见其仍然悠闲自乐，满不在乎，还不停地写诗。又再次派人把他调到县城中部，而且只给一间只能容下一床、一桌、一椅的小屋，也就是"陋室"。

半年时间，知县强迫刘禹锡搬了三次家，面积一次比一次小，最后仅是斗室。想想这位势利眼的狗官，实在欺人太甚，但此刻，即便是知州置刘禹锡于死地，刘禹锡也只能感叹一声"无可奈何花落去"。但是，文人终归是文人，有了一支笔便能雕镂山河，便能刻画人心，便能在压迫和惨痛中也能让心中的花朵灿然生辉。刘禹锡愤然提笔写下这篇超凡脱俗、情趣高雅的《陋室铭》，在当时就请人刻上石碑，立在门前。刘禹锡有这样的人生经历和《陋室铭》所传达的情感应该是可以契合的。

你坚持自我，我用手中的权力将你打垮。你舞文弄墨，我用手中的权力将墨汁涂得你满脸黢黑。文人遇上权力就像蚂蚁遇上了翻滚的石头，瞬间你的才情、你的人格都被它碾压得荡然无存。《陋室铭》就是作者在不断被逼迫被挤压的人生遭遇下写出来的，这有点像苏东坡在经历“乌台诗案”并流放黄州后写下了《赤壁赋》《念奴娇·赤壁怀古》等名篇。杜甫说“文章憎命达”，有的时候我们不得不感叹一声：信哉斯言。

即便如此，我们读《陋室铭》似乎也感觉不到作者或是怨声载道，或是满腹委屈。反而我们读后，会感觉就像啜了一口山间的小溪，满嘴的清香。又像品了一口清茶，余味无穷。

“山不在高，有仙则名；水不在深，有龙则灵；斯是陋室，惟吾德馨。”你可以把我挤到一间只能容下一床、一桌、一椅的小屋里，但因为我心中有坚守，因为我品德的崇高，“陋室”也会芳菲四溢，满是温馨，何况小屋周围正是“苔痕上阶绿，草色入帘青”呢。

“谈笑有鸿儒，往来无白丁。”我们不得不感叹刘禹锡真会用词，“鸿儒”和“白丁”两相对照，似乎是在说，我的屋子虽小，但来来往往都是有学问有修养的高人，你知州虽然住的是大庭院，但和你往来的人都畏畏缩缩，整天做一些难以见人的勾当。你奢华，我简朴。你猥琐，我正气。你小人长戚戚，我君子坦荡荡。

“无丝竹之乱耳，无案牍之劳形。”“丝竹”本是官府所演奏的音乐，案牍更是官府的公文等物品。联系到刚才刘禹锡被逼无奈的背景，我们就很容易理解作者对“丝竹”和“案牍”的厌恶之情了，故作者用一个“乱”字来形容“丝竹”给自己的感觉。

刘禹锡还有一首《听旧宫人穆氏唱歌》的七言绝句，诗云:“曾随织女渡天河，记得云间第一歌。休唱贞元供奉曲，当时朝士已无多。”诗中的“天河”和“云间”就暗指宫廷。刘禹锡被贬后，对官场不曾有留恋之情，从“第一歌”到“休唱”再到“无丝竹之乱耳”所要表达的内心世界应该是一以贯之的。

刘禹锡的各种遭遇和《陋室铭》所要传递的情感应该有很多相通之处，如果我们可以承认《陋室铭》的作者是刘禹锡的话，想想他的经历，再读读他的诗文，我们心底怎能不为这字字珠玑的八十一个字而生出阵阵暖意呢？

本文作者：北京市楼梓庄中学　石　焘

鸿儒谈笑光阴清浅，白丁往来岁月绵长

——从《陋室铭》看刘禹锡失意的政事与诗意的人生

光阴清浅，岁月绵长，时光的马车追溯到一千三百多年前的盛世大唐。“安史之乱”的凄风冷雨击灭了大唐中兴的风流繁华，乱象丛生的时代更迭期冀着卓尔不群的旷世奇才。于是乎，一个赫赫有名的人物登上历史舞台，奏响了荡气回肠的绝世悲歌。

东汉唯物主义哲学家王充在《论衡·超奇》中言：“能说一经者为儒生，博览古今者为通人，采掇传书以上书奏记者为文人，能精思著文连结篇章者为鸿儒。故儒生过俗人，通人胜儒生，文人逾通人，鸿儒超文人。”历代文人墨客大多仰慕圣贤之德行，倾心鸿儒之节操，以期成就上品之人生。

一代诗豪刘禹锡被贬和州期间曾作《陋室铭》一文。其中“谈笑有鸿儒，往来无白丁”一句是其高洁傲岸节操的写照，亦成为封建士大夫清高自许的代言。

然笔者查阅刘禹锡的人生简史，赫然发现，在其七十一载艰难竭蹶的岁月中，二十二岁高举进士之春风得意与二十三年贬谪生涯之凄楚悲凉交织，同诗礼簪缨之辈和鸣之雅趣与随边鄙粗野之氓共舞之欢愉交汇，共同演绎了梦得失意的政事与诗意的人生。

一、与政坛同盟患难与共的失意之事——“耦耕若便遗身世，黄发相看万事休”

提起《陋室铭》，不得不提到那个故事。相传刘禹锡被贬和州期间，受到当地知县的刁难，本应住在城中三间三厢的房子，却被赶到城南面江而居，梦得处之泰然：“面对大江观白帆，身在和州思争辩。”知县气急，又下令使其迁居于城北门德胜河边。河边春风习习，杨柳依依，梦得自得其乐，又拟门联：“垂柳青青江水边，人在历阳心在京。”于是，气急败坏的知县终于只给他斗室之居。梦得心生感慨，写下这脍炙人口的铭文。故事真实与否无从考证，但无辜获罪却潇洒大度，多次迁谪却不甘沉沦，这实为梦得有之。

《陋室铭》起句就言：“山不在高，有仙则名。水不在深，有龙则灵。斯是陋室，惟吾德馨。”平凡的“山”“水”因“仙”“龙”腾跃而生钟灵毓秀之色，仅容“一床、一桌、一椅”的小屋也必将因主人品德的高洁而播撒芬芳。“仙，长生迁去也。”（《说文解字》）古代神话和宗教中指修炼得道长生不死的人，亦指能达到至高神界的人物。“龙”，《辞源》说“龙是古代传说中的一种善变化能兴云雨利万物的神异动物，为麟虫之长”。两者皆为能上通神界之物。

纵观刘禹锡一生经历，高居中枢要职，以毕生之所学拯救岌岌可危的大唐似乎是其矢志不渝的追求，与翰林众学士惺惺相惜的赤子情怀又成就了他们白首同归的深挚友情。

1. 短暂的得意时光——“春风得意马蹄疾，一日看尽长安花”

贞元九年，年仅二十二岁的青年才俊刘禹锡怀抱着父亲刘绪光耀门楣的期望，参加科举考试，一试即登进士第。是年，又荣登鸿词科。两年后，中吏部取士科，授太子校书一职。

雏凤清鸣，荣被龙恩，这是士林学子多么大的荣耀啊！

出众的才华，吸引着莫逆之交，更吸引着重要的掌权者。于是，柳宗元、白居易、元稹、令狐楚来了，宰相杜佑来了，影响其一生命运的王叔文也来了。“禹锡尤为叔文知奖，以宰相器待之。顺宗即位，久疾不任政事，禁中文诰，皆出于叔文。引禹锡及柳宗元入禁中，与之图议，言无不从。”“永贞革新”经历了轰轰烈烈的鼎盛之势，罢宫市、斗宦官、改机制、削藩镇，大刀阔斧，雷厉风行。作为“革新”中枢机构的要员刘禹锡，常与柳宗元、王叔文、韦执谊等人交游唱和、运筹帷幄。鸿儒博生，“谈笑间，樯橹灰飞烟灭”，怎一个“乐”字了得？

一个资质超凡的儒家世子，一个才华横溢的青年才俊，授业于皎然、灵澈二位高师，饱经翰墨篇籍之濡染，又有士林显贵人物的多方褒奖，“朝为田舍郎，暮登天子堂”，这样的“蛟龙”怎能不上通神界，舞动朝局？

2. 漫长的失意岁月——“人世几回伤往事，山形依旧枕寒流”

《淮南子》有云：“夫物盛而衰，乐极则悲。”不到半年，中风的顺宗皇帝被宦官“温柔”禅位，帝国的大厦轰然倒塌。弹冠相庆的官宦蝼蚁们，报复随即而至，将革新的中坚力量如秋风扫落叶般贬逐出京。王叔文、王伾相继而亡，另外八人一贬再贬，从州任刺史终到边远之地司马闲职。甚至是皇帝大赦天下，“谏官十余人论列，言不可复用而止”。“二王八司马”事件，宣告着“永贞革新”最终失败。从此，一代诗豪刘禹锡开始了他起起落落的贬谪生涯。甚至是朝廷几次起用戴罪之臣的时候，刘禹锡都因一首诗引发莫须有罪名，连连被贬。

失意的人生最是诗情的“孕育地”，多舛的命运更是友情的“试金石”。

穷荒僻远的贬所，凄风冷雨的飘零，心底深处的孤寂，渐趋荒废的斗志，常常让同病相怜的谪人备加珍视宝贵的情谊。

被贬后颓然沉沦、一路哀歌的柳子厚，在梦得被召回又复贬谪之时，想到其耄耋高堂，于是犯死替他求情，使朝廷复改播州为连州。子厚命陨，梦得苦吟：“忆昨与故人，湘江岸头别。我马映林嘶，君帆转山灭。马嘶循古道，帆灭如流电。千里江蓠春，故人今不见。”这是对亡者的哀悼，更是对几十年沧桑岁月的祭奠。

然而，当白乐天怜惜他在荒寂的和州空耗光阴，哀叹“亦知合被才名折，二十三年折太多”之时，梦得何等洒脱：“沉舟侧畔千帆过，病树前头万木春。今日听君歌一曲，暂凭杯酒长精神。”

贬谪半生又怎样？纵然朝廷负我、责我，而有如此众多的鸿儒作伴，有如此挚爱的好友牵念，我又何必苦怨，何须激愤？如此达观之“仙者”怎能不令人敬仰，怎能不名垂后世？

“耦耕若便遗身世，黄发相看万事休。”这是刘梦得对鸿儒之交的深挚情谊，更体现他面对失意政事的乐观豁达。鸿儒相慕，挚友相惜，岁月清浅，请君笑语！

二、与一州百姓雅俗共赏的诗意人生——“东边日出西边雨，道似无情却有情”

《陋室铭》中之幽境是“苔痕上阶绿，草色入帘青”，之雅趣为“可以调素琴，阅金经”。碧绿的苔痕、青葱的野草书写着他与一方百姓患难与共的峥嵘岁月，素朴的古琴、珍贵的佛经映射出其亲近自然、返璞归真的达观心境。

1. 以诗文写就百姓之生活——“齐唱郢中歌，嘤咛如竹枝”

孟子在《孟子·滕文公下》中有这样的名句：“居天下之广居，立天下之正位，行天下之大道。得志，与民由之；不得志，独行其道。富贵不能淫，贫贱不能移，威武不能屈，此之谓大丈夫。”一代诗豪刘禹锡不仅得志时忧国忧民，就是在几十年的贬谪岁月中，也不忘亲近百姓，与民同甘共苦。

被贬朗州，他吊唁屈子、探访桃源，拜会顾彖、董颋等博学广闻的民间大家，论事谈经，受益良多。甚至是茶园主人、制镜工匠，他都以礼待之；少数民族的烧畬习俗，他更是亲自参与并留诗称赞。他更沉迷于俚歌词作，“唯以文章吟咏陶冶性情”。他创作的仿民歌诗体，既有民歌生动活泼、富有生活气息的特点，又带着文人诗含蓄隽永的风采，在南方沃野广为流传。“杨柳青青江水平，闻郎江上踏歌声。东边日出西边雨，道似无情却有情。”（《竹枝词》）青年男女的爱情在武陵溪洞间激情传唱。

到任连州，他惊叹于民风民俗。“冈头花草齐，燕子东西飞。田塍望如线，白水光参差。农妇白纻裙，农父绿蓑衣。齐唱郢中歌，嘤咛如竹枝。”（《插田歌》）农民插秧忙碌快乐的场面点燃了他的热情；“海天杀气薄，蛮军步伍器。”“猜鹰虑奋迅，惊鹿时踢跳。”“日暮还城邑，金笳发丽谯。”（《连州腊日观莫徭猎西山》）莫瑶人狩猎的盛大场面深深震撼了他的心灵。

边民粗犷却并非愚昧，好诗向文之风濡染了梦得的诗情。豪气冲天的他把酒临风：我本匈奴后裔，“共唱田中歌”，素琴不伤，真经渐悟，我已爱上边陲。

2. 以行动解决边氓之疾苦——“莫道桑榆晚，微霞尚满天”

身处被贬之闲职的刘禹锡，每到一任，必先深入民间：下田地、修壕渠、赈灾民、重教育。虽谪罪之身，亦政绩显著，功耀一方。

贬谪和州，他在《和州谢上表》中说“恩私或降，庆抃失容”，并在《和州刺史厅壁记》中表明自己不愿巧言令色，只希望为一方百姓做点真正的好事。

贬谪夔州，他亲自登船，从号称“鬼门关”的瞿塘峡中涉险通行，只为了体味纤夫们艰难的生存之路。

担任苏州刺史，他目睹严重水患，哀鸿遍野，下令开仓赈济百姓，并向朝廷请求减免赋税，使百姓能很快地恢复生产，安居乐业，于是一方百姓特意修建“三贤堂”，来纪念他们这些“父母官”。

他还“笃好医方”，留心搜集到各种验方50多个，编成《本草经方》《传信方》二书，成为边鄙之氓的福祉。

当挚友陆续辞世，仅存的几位好友也纷纷无意于朝政的时候，晚年的刘禹锡仍身挑重任，老骥伏枥。管理着“二华关渭水，三城朝合阳”的同州要地。并给白居易写下了自己的誓言：“莫道桑榆晚，微霞尚满天。”老之将至又怎样？我自有一腔报国热情如火焰熊熊燃烧。

刘禹锡在《陋室铭》中说道：“谈笑有鸿儒，往来无白丁。”其实，这里的“白丁”并非对平民百姓的轻视。白丁冠虽无衔却安稳自信，腹虽无墨却朴实真诚。在伟大的历史洪流之中，没有扭转乾坤之机遇，没有匡扶中兴之功绩，梦得算不算一介白丁？既然能以自己之余力，在一方热土有建树，给一方百姓以扶持，又何必惧怕白丁？

身处浮沉之宦海也罢，偏安于蒙昧初肇之一隅也好，刘梦得既能醉心于革新，又能钟情于民风；静如水之止息，而停蓄弥深；动若兔之奔突，而光亮鲜活。

伤吟哦，鸿儒浅笑；叹韶华，白丁惜声。光阴清浅，未觉好梦；岁月绵长，不诉离殇。梦得，陋室犹在，你可安好？

本文作者：辽宁省沈阳市 126 中学　杨萍萍

第四章

『横看成岭侧成峰，远近高低各不同』

——倘佯两宋

10.醉翁亭记

欧阳修

环滁皆山也。其西南诸峰，林壑尤美，望之蔚然而深秀者，琅琊也。山行六七里，渐闻水声潺潺而泻出于两峰之间者，酿泉也。峰回路转，有亭翼然临于泉上者，醉翁亭也。作亭者谁？山之僧智仙也。名之者谁？太守自谓也。太守与客来饮于此，饮少辄醉，而年又最高，故自号曰醉翁也。醉翁之意不在酒，在乎山水之间也。山水之乐，得之心而寓之酒也。

若夫日出而林霏开，云归而岩穴暝，晦明变化者，山间之朝暮也。野芳发而幽香，佳木秀而繁阴，风霜高洁，水落而石出者，山间之四时也。朝而往，暮而归，四时之景不同，而乐亦无穷也。

至于负者歌于途，行者休于树，前者呼，后者应，伛偻提携，往来而不绝者，滁人游也。临溪而渔，溪深而鱼肥，酿泉为酒，泉香而酒洌，山肴野蔌，杂然而前陈者，太守宴也。宴酣之乐，非丝非竹，射者中，弈者胜，觥筹交错，起坐而喧哗者，众宾欢也。苍颜白发，颓然乎其间者，太守醉也。

已而夕阳在山，人影散乱，太守归而宾客从也。树林阴翳，鸣声上下，游人去而禽鸟乐也。然而禽鸟知山林之乐，而不知人之乐；人知从太守游而乐，而不知太守之乐其乐也。醉能同其乐，醒能述以文者，太守也。太守谓谁？庐陵欧阳修也。

“峰回路转”中看人生智慧

语文阅读教学中，教师对课文的解读既要聚焦在文本自身的意义上，又要关注其一词一句所表达的深刻含义，挖掘阅读教学的最大价值。正如语文名师于永正在《我教语文》中所说：“要想真正上好语文课，必须要学会解读文本，走进文本，要深入挖掘教材，不能片面地停留在文本的表面，要挖出文字背后蕴藏的东西。”歌德也说：“会读书的人，用两只眼睛看，一只眼睛看到纸面上的文字，另一只眼睛看到纸的背后。”

《醉翁亭记》是语文阅读教学中一篇传统课文，写于宋仁宗庆历五年，为欧阳修被贬为滁州知州第二年所作的一篇游记。在教学过程中，“峰回路转”一词把我们引入了深深的思考。经过查找相关历史资料，可以领悟其深刻内涵：它不单是描写山路的曲折回环，更暗示着欧阳修人生之路的峰回路转。

《醉翁亭记》不仅在记山记水记人，更是融入了作者的人生经历和丰富的思想感情。文章中的词语往往是解开作者写作情思的密码。特级教师李海林在其《语言教学论》中也提出："语文教师的一个重要的职责，就是带领学生沉入词语的感情世界，只有这样词语才会在学生心中丰厚。"文中"峰回路转"一词便是打开《醉翁亭记》情感世界的钥匙。

"峰回路转，有亭翼然临于泉上者，醉翁亭也。"作者用神来妙笔，描写了醉翁亭的秀丽环境和自然风光。"峰回路转"形容山峰道路曲折迂回，比喻事情经历挫折、失败后出现的转机；也指转折点，形容山水名胜路径曲折复杂。在课文中意为转路回峰——拐个弯，路就转了，人也就拐了，可以完整地看到山峰的整体了。然而欧阳修只是赞叹琅琊景之美、醉翁亭之秀吗？查阅北宋历史资料及了解彼时欧阳修境遇之后，便不难领会欧阳修借自然的峰回路转所传达的人生智慧。

首先，"峰回路转"是一种不必登上高处亦可观览众山的能力，也是欧阳修面对官场失意的人生低谷时处变不惊的从容态度。登高用的是蛮劲，路转用的却是巧思，峰回路转，宽展视线，欧阳修洞明世事，深谙这个道理。因此，欧阳修在仕途处于顺境时锐意进取、奋发有为，大力改革文坛之弊端，开一代文风之先河，展示自己非凡的才华；当受到奸臣围攻人生处于困境的时候，则韬光养晦、收敛锐气、从容进退，回旋有余。

欧阳修被贬滁州后从未向朝廷申辩、抱怨，而是静下心来带领当地民众加强武备、整饬治安，同时开辟了许多旅游景点，使得滁州政治风气和社会环境焕然一新。有人将欧阳修在滁州宽简不扰、怡情山水，与民同乐理解为其不问政事、游山玩水、饮酒作乐的消沉状态，这是不对的。欧阳修在地方任职时期，施行“宽简之政”“不见治迹，不求声誉，宽简而不扰，故所至民便之”，即办事不一味表现政绩，尽量宽容简化，以不扰乱民众为宗旨。通过建章立制加强教化，并遵循人情事理，不动声色中引人向善。如此一来，辖区被治理得井井有条，颇得民心。

其次，“峰回路转”也是欧阳修在面对人生危机时表现出的政治智慧。被贬期间，欧阳修将他的文学才能做了一次淋漓尽致的发挥，写出了脍炙人口、广为后世传颂的散文名篇《醉翁亭记》。文章采用借虚写实的手法，向皇帝传达着这样的信息——他在这里很快乐，常与百姓同游乐，常抱醉伴月而归，当地的百姓享受的不是山林自然之乐，也不是桃花源式的快乐，而是现实生活的快乐，即太平盛世的快乐。

明眼人看得出来，这是巧妙地赞美皇帝的文治武功啊！客观上说，皇帝是比较喜欢欧阳修的。他文笔好，朝廷许多诏书及公务文书，都是由他起草的，而且他的被贬，也不是犯了原则性的大错，皇帝只是为了平息愈演愈烈的政治派别之争。政敌们盯着他，皇帝也关注他，在这个特殊时期，是被重新起用还是永远被政治边缘化，最关键的就是看他的从政态度：如果他和新政改革派划清界限，会博得政敌的喝彩，东山再起，但是会被道德舆论所笞伐，为天理不容，这是一个有良知的知识分子所不齿的；如果他怨天尤人，心怀愤恨，那么皇帝就会对他失望，他将会被随时挪置，最终死在偏远的江湖。

《醉翁亭记》实际是欧阳修向皇帝递交的一份述职报告——因为他对滁州的治理有所成效，使得人民安居乐业，凭借其在文坛的盛名文章很快就流传开来，最终传到了皇帝那里，皇帝了解到欧阳修在滁州的所作所为非常欣慰，随即下诏书将欧阳修调回东京，升为开封府尹。

最后，能把抑郁活成洒脱、把失意活成诗意、把坎坷走成风景，“峰回路转”皆因欧阳修阔达的人生襟怀。没有像陶渊明，欲脱尘网情寄桃花源；也不像被贬永州的柳宗元，想用美景洗涤自己的抑郁，终因走不出心灵的樊篱，对美景产生了伤感。欧阳修也遭受被贬谪的命运，却与民同乐，情醉琅琊山。文中写道“醉翁之意不在酒，在乎山水之间也”，作者写自己来到亭子，与朋友饮酒，喝一点点酒就醉了，实则是被滁州的美丽风景醉倒了。言外之意是与其饮酒贪杯来排解胸中沉郁，不如使美酒作为赏美景的助兴之物，将这喜悦藏在心里，这醉意浮现在酒中，待到“峰回路转”时自然是一番柳暗花明的新境遇。

“人知从太守游而乐，而不知太守之乐其乐也。”山水美景让欧阳修心旷神怡，而民众的快乐才使作为地方太守的他感到真实的快乐。如此娓娓道来，既真实地表现了欧阳修当时的特殊情怀，又有“后天下之乐而乐”的风范，令人钦佩。

综上所述，通过解读《醉翁亭记》文章中的“峰回路转”一词，我们走进了欧阳修笔下琅琊山的景之美、情之美、趣之美，了解欧阳修与民同乐的政治情怀，更深深折服于他的人生智慧。可见，语文阅读教学时一定要亲自穿行在多重话语之间，正确领会作者遣词造句的动机，寻找作者的精神出口，深入把握作者的思想和文本之意，让学生在学习的过程中产生对课文的喜爱之情，激发对课文深入探究之欲望，不仅获得美景、美情、美趣的濡染，还能领悟更多深刻的人生哲理。

本文作者：黑龙江省巴彦县第三中学　刘艳玲

醉翁亭内幽境洞天

洒洒洋洋四百言，风轻云淡庙堂远。醉翁之意归来看，曲径通幽别有天。

百代文宗欧阳文忠公的《醉翁亭记》为后人留下了宝贵的精神财富，文章中醉与乐相得益彰，官与民各得其所。对于本文的解读往往直接抓住这“醉”与“乐”即可，然而笔者在反复研读文章后发现，作为经典篇目的《醉翁亭记》，其角度丰富、线索多重、蔚为大观、别有洞天。接下来笔者将通过“幽境”这个角度解读本文。

一、宏大时空中的幽深环境

文章开篇即用远景镜头为我们展示了一个宏大的空

间——群山环抱的滁州城。在这个宏大的空间背景下，镜头逐渐聚焦，我们看到了像鸟儿展翅一般飞架在泉上的醉翁亭。这种由面到点的镜头其底色是什么呢？由“蔚然深秀”“山行六七里”“泻出于两峰之间”“峰回路转”等词语我们不难看出，这种底色应该是幽深的墨绿色，因为醉翁亭是坐落在林木茂密的“曲径通幽处”，即在群山环绕内、在水鸣山更幽处、在峰回路转中我们看到了在空间上处在幽静深远之地的醉翁亭。

文章第二段作者又向我们展示了宏大时间中的幽深之境。与同样是描写自然景观的《小石潭记》的工笔描绘、微观视角不同的是，本文第二段写景概括而简练，似是长镜头，将朝暮之景、四时之景之特征呈于笔下，视角宏大。然而在这种宏大时间内，我们能够发现醉翁亭景色的幽丽。文中“林霏”“云归”“岩穴暝”“幽香”“秀而繁阴”等词紧紧围绕一个“幽”字展开，让我们看到了朝暮之间、四时之内这样宏大时间内的幽丽景色，呈现了一种幽深之境。

综上所述，文章前两段在空间与时间上都将我们带入了幽深之环境，在这样幽深的景色中，太守其人又有着怎样的心境呢？

二、欢快场面中的幽远心境

作者因言获罪被贬滁州之后的心境如何呢？在文章的第三、四段我们可以体会到。

为了更全面、更细致地体会作者微妙的心境，笔者引入一个词语——远近。笔者发现欧阳修在与民同乐时的状态是似远似近、若即若离的。那么作者又是怎样将这样的状态传递给读者的呢？

在文章的第三段，作者着重写的是太守“近”的状态。用“负者歌于途”“行者休于树”“伛偻提携”等词，显示人们相亲相爱和谐之中自有一番幽趣气氛。之后，把镜头渐渐拉近，聚集到太守的宴席上。作者先是简明点出宴席的大环境——“溪深”“鱼肥”“泉香”“酒洌”“山肴野蔌”，再描绘宾客的不同状态。有“射者中”，有“弈者胜”，也有“众宾起座而喧闹”。这样点面结合的写法，简明而生动地展现了太守宴的欢快场面。同时这里也不仅仅是场面的堆砌，而是与上文滁州百姓的出游形成了递进，在由大及小的过程中，我们很容易就能塑造出一幅有点有面的欢快场景。

按理来说，如此繁杂热闹的场面中本不该有幽静之情，偏偏此时我们看见太守隐匿于人群之中，带着些许自得、自在、自由、自醉了。他与滁州人民融为一片，幽林深亭人已醉，喧嚣深处，这醉翁心却不醉，悠悠然看着这山清水秀、百姓和乐之景，他的心似这幽林，生机与幽翠并存，也不闹，任禽鸟在其中欢跃，一片开阔。

而第四段作者笔头一转，展现了太守“远”的状态。这一段与上段略有不同，一开始作者先细细勾勒出一幅众人归去、鸟儿欢唱的黄昏场景。妙处何在？原来人、鸟之乐易懂，可这太守之乐呢？太守仿佛从当局者变成了旁观者，既能与宾客“同醉”，也能“自醒”，仿佛在画面中远去，可以站在外人角度体察万物，反思人情，写文章记录此事，在人情万物前仍能从容面对。“庐陵欧阳修也。”这太守之谜最终还是揭开了，如此豁达、如此近乎玩味又带着欣慰自豪的语气，怎能说他的心境不是幽远辽阔的呢？

几次的镜头放缩给读者形成强烈的画面感，似远似近，若即若离，展现了一幅宏大的欢快场面，又让人感叹于作者的治理有方与民同乐的旷达情怀，体会到作者的爱民之心，还让我们看到了作者当局者与旁观者身份的悄然变化，而这样灵动的视角转换，恰恰应了他随遇而安的悠悠心境。

三、简朴语言中的幽长意境

除了描绘的场景和作者的心境外，文章的语言也是别具一格。读完一遍，虽没有太多华丽的辞藻。但总觉得文章读起来流畅优美，从容婉转，别有一番韵味。这是为什么呢？

原来使文章如此流畅的关键有两点，一是文章中大量“而”“也”的使用，二是文章骈散句的自然结合，读来韵味幽长。

首先是“而”与“也”的使用。如果细心就会发现，文章中出现了25个“而”和21个“也”。文中的“也”基本都是作为语气助词放在句尾使用，例如“酿泉也”“醉翁亭也”“山间之四时也”“滁人游也”“太守醉也”。这些“也”看似多余，实际上起到了放缓语气的作用，同时还形成了一种别致的咏哦句调，有一种韵律美，使文章读起来朗朗上口，自然流畅。同样，“而”字的使用也起到了不一样的效果，如“日出而云霏开，云归而岩穴暝”。“而”字恰到好处的使用，不仅使文章舒缓从容，句式多样，同时连接架构起如此生动之图景，读来景色连绵，山日相映，视野开阔而沉静。

骈散句结合使用同样是文章的一大特色。文中骈句的使用，例如“溪深而鱼肥，泉香而酒洌”。使文章读起来朗朗上口，声韵和谐悦耳，同时让叙事明快简洁，抒情深沉含蓄。而本文的散句的使用主要依靠“而”来改变文章的节奏，比如“日出而云霏开”“野芳发而幽香”中“而”的位置不同。散句的使用使语言整齐中又有错落，节奏略有变化，文章显得明快。生动而层层推进，渐渐深入那个幽林深处的佳境，叙述多样不拘泥，朗朗上口，自由流畅。如此有深厚功力的幽深语言同样为文章的内容添彩。

由此看来，这短短的《醉翁亭记》中，真可谓别有幽境。不管是文中描绘的宏大时空中的幽深环境，欢快场面中的幽远心境，还是简朴语言中的幽长意境，都蕴含着欧阳修对于这样一种幽境的追求。使此古文足以传承至今，供后人从中品味许久。

本文作者：重庆市渝北区第八中学　闫井顺

人醉景美，真乐亦乎

倘说文言散文中我的最爱，便是欧阳修的《醉翁亭记》了。因为每每读起，可亲可近的醉翁太守在山水秀丽的美景中与友、与辖下子民同游同乐的情景总是能栩栩如生地呈现在我的眼前，让我不由得追溯《醉翁亭记》的始末根源。

先来说说欧阳修其人吧。四岁丧父，家境贫困，母亲用荻秆画地教他识字读书。后来考取进士，从天圣八年（1030年），年仅23岁的欧阳修就开始了自己的政治生涯。他上下往返，尽心竭力。宋仁宗庆历五年（1045年），参知政事范仲淹等人因革新内政遭谗离职，欧阳修上书替他们分辩，被贬到滁州做了两年太守。到任以后，他虽然内心抑郁，但还能发挥“宽简而不扰”的作风，取得了一些政绩。

《醉翁亭记》就写在这个时期，文章描写了滁州一带朝暮四季自然景物不同的幽深秀美，滁州百姓和平宁静的生活，特别是作者在山林中与民一起游赏宴饮的乐趣。全文自始至终贯穿一个“乐”字，从一开始对滁州山水美丽景色的介绍中就有。如果说前文隐隐有作者赏山玩水的游乐之意，那么后文中滁人游玩之乐、宾客赴宴之乐、太守宴宾之乐、鸟归山林之乐、太守之乐其乐就直抒明表了。

从文章开始，在作者笔下，醉翁亭的远近左右就呈现出一幅山水相映的画面。有山，有泉，有林，有亭，但作者着笔时并没有把这些景象分离孤立开来，而是交织一体，既展现出各自特有的美态，又完美地统一起来。从“蔚然而深秀”的琅琊山，迤逦连绵，风光奇秀，又有一泉水环绕而过，山青水秀，煞是喜人，忽而“有亭翼然临于泉上”，本是一派自然景象，忽加人为，没有突兀之感，反而让人有了更多的期待。无亭，则山水的色便淡了些，无泉，亭就没有了那些个趣味。山水相映，亭泉成趣。如若一幅画，山水亭台一应俱全，辉映成色，构置出一幅诗一般的境界，那“乐”意便油然而生了。

“醉翁之意不在酒，在乎山水之间也。山水之乐，得之心而寓之酒也”也就好理解很多。这“得之心”的乐不仅指宏观的山水景象，作者一语“日出而林霏开，云归而岩穴暝，晦明变化者，山间之朝暮也”又将我们带入“日上东山，阳光普照，葱郁树林中薄雾在阳光照射下飘然散去。日下西山，暮霭遍地，岩石穴壑一片昏暗”的山间朝暮之色中，让人慨叹不已之余又铺开一笔，以醉翁亭为中心，描写了一年四季景物的不同变换。如此奇异变换之美景，自是人人都喜爱的，作者也就顺开一笔，延展到了滁人出游的场景中去了。滁人“负者歌于途，行者休于树”，前呼后应，他们因生活安定而乐游，便在“山水之乐”“得之心之乐”上多了份“人情之乐”。太守因与民同乐而乐游，众宾因随太守而乐游，就又有了“宴酣之乐”。众人乐游完毕、兴然归家时，禽鸟们亦因辛勤劳作一天，欢快着回返山林时。一切似乎都乐有所源，亦乐有所归。

然而在众“乐”之中，我却常常在“苍颜白发，颓然乎其间者，太守醉也”这句话中踟蹰不已。结合前面欧阳修的生平，显而易见，他是一个很想有政治作为的人。尽管仕途坎坷，但滁州在他的治理下颇有成效，的确能让欧阳修在失意之中获得一些欣慰。可是，太守真的只要在滁州城“与民同乐”就很满足了吗？由此，推想“乐”是本文唯一的话题和情感走向吗？我查阅了众多资料，发现大部分对这句话的释义是“太守不甚酒力，醉醺醺地站不起来了”。确实如此吗？那“苍颜白发”如何理解呢？当时的欧阳修不过40岁，却用“苍颜白发”来形容自己，未免夸张了些。我想那不是夸张，“苍颜白发”绝不是精神饱满、情绪欢愉的人该有的状态，却是欧阳修太过操劳所致。治理政事费神，内心的苦闷不甘恐怕更是劳心。这样的话，又何须将自己不甚良佳的状态暴露无遗呢？倘是夸张，作者又为何将自己形貌夸张至“苍颜白发”，意欲何指呢？在此景此情之下，滁人也罢，宾客也罢，都有自己欢快欣然的理由，太守滁州政绩卓然，亦有之。只是，辗转一念，自己的处境使然，不免又有些许失意伤悲之情吧？所以，暂借这醉酒，将自己寡欢的情绪在这喧闹中掩藏一下吧？由此，推延到盛年的他却自号“醉翁”，怕也是面对北宋王朝政治昏暗、奸邪当道、积弊深重等众多问题却无能为力的一种忧虑吧？虽然在自己治理之下，滁州人民和平安定的生活能让欧阳修获得一些欣慰，但对于朝廷日渐腐朽的统治而言，这仅是沧海一粟，改变不了什么。谪居滁州这座小城，忧国忧民、一心想要辅国安治的忠志之士欧阳修无更多用武之地。

静思全文，前半部分“饮少辄醉”的不胜酒力与“醉翁之意不在酒”的沉醉山水，应该都是在为后文“苍颜白发，颓然乎其间者，太守醉也”这种无人能解的失意惆怅找一个合理的理由吧！山水之乐，人人能享，禽鸟亦能享。滁人之乐，宾客之乐的“乐”，却是只能太守所享的了。于此乎，醉是掩饰，乐是表象，“颓然”似乎才贴合真情实意。

滁州山水美景是《醉翁亭记》给我们的一隅“桃源”，“与民同乐”是醉翁太守欧阳修乐观豁达的集中显现，这种精神是值得我们世人认可和学习的。然，终有那么一句“颓然”告诉我们：欧阳修真正的乐，是不甘于此的！

“与民同乐”应该还有更多的内涵吧……

本文作者：陕西省岐山县蔡家坡陕九中学　杜丽梅

11.赤壁赋

苏轼

壬戌之秋，七月既望，苏子与客泛舟游于赤壁之下。清风徐来，水波不兴。举酒属客，诵明月之诗，歌窈窕之章。少焉，月出于东山之上，徘徊于斗牛之间。白露横江，水光接天。纵一苇之所如，凌万顷之茫然。浩浩乎如冯虚御风，而不知其所止；飘飘乎如遗世独立，羽化而登仙。

于是饮酒乐甚，扣舷而歌之。歌曰：“桂棹兮兰桨，击空明兮溯流光。渺渺兮予怀，望美人兮天一方。”客有吹洞箫者，倚歌而和之。其声呜呜然，如怨如慕，如泣如诉，余音袅袅，不绝如缕。舞幽壑之潜蛟，泣孤舟之嫠妇。

苏子愀然，正襟危坐而问客曰："何为其然也？"客曰："'月明星稀，乌鹊南飞，'此非曹孟德之诗乎？西望夏口，东望武昌，山川相缪，郁乎苍苍，此非孟德之困于周郎者乎？方其破荆州，下江陵，顺流而东也，舳舻千里，旌旗蔽空，酾酒临江，横槊赋诗，固一世之雄也，而今安在哉？况吾与子渔樵于江渚之上，侣鱼虾而友麋鹿，驾一叶之扁舟，举匏樽以相属。寄蜉蝣于天地，渺沧海之一粟。哀吾生之须臾，羡长江之无穷。挟飞仙以遨游，抱明月而长终。知不可乎骤得，托遗响于悲风。"

苏子曰："客亦知夫水与月乎？逝者如斯，而未尝往也；盈虚者如彼，而卒莫消长也。盖将自其变者而观之，则天地曾不能以一瞬；自其不变者而观之，则物与我皆无尽也，而又何羡乎！且夫天地之间，物各有主，苟非吾之所有，虽一毫而莫取。惟江上之清风，与山间之明月，耳得之而为声，目遇之而成色，取之无禁，用之不竭，是造物者之无尽藏也，而吾与子之所共适。"

客喜而笑，洗盏更酌。肴核既尽，杯盘狼藉。相与枕藉乎舟中，不知东方之既白。

揭示矛盾，探究情理

——读《赤壁赋》

读《赤壁赋》，我有一些疑问：

（1）客之箫声真的是“倚歌而和”吗？

（2）曹操赤壁之战大败，作者为何不写其“败”，却写其“雄”？

（3）“物与我”真的可以“皆无尽”吗？

由这几个问题，我发现了文中的几处矛盾：

（1）苏子自身的情感矛盾：乐中隐忧。

（2）苏子与客的矛盾：乐与悲。

（3）短暂与永恒的矛盾：变与不变。

我将围绕这几个问题和矛盾进行解读。

一、“倚歌而和”却非和

“桂棹兮兰桨，击空明兮溯流光。渺渺兮予怀，望美人兮天一方。”

“其声呜呜然，如怨如慕，如泣如诉，余音袅袅，不绝如缕。舞幽壑之潜蛟，泣孤舟之嫠妇。”

这两段读起来，情感基调是不同的。前者悠然而愉悦，后者幽怨而悲凉，二者是不协调的，这怎么能叫“倚歌而和”呢？

月明之夜，苏子泛舟江上，“饮酒乐甚”“扣弦而歌”，为什么客之箫声却如此悲凉呢？

或许是，客于苏子的歌声中听出了隐忧。

二、苏子自身矛盾：乐中隐忧

也许，有人会说，“渺渺兮予怀，望美人兮天一方”已经透露出苏子内心之隐忧了。教材对“美人”的解释是：“美人，指他所思慕的人。古人常用来作为圣主贤臣或美好理想的象征。”《古文观止》评曰：“美人，谓同朝君子，此先生眷眷不忘朝廷之意也。”我觉得，苏子饮酒乐甚之际，仰望明月之时，内心是有所思的，至于所思何人，所思何事，大可不必坐实。总之，内心是不平静的。

但这还不是问题的全部。因为客之悲声以及后文的议论俱是从曹操之诗而来：“‘月明星稀，乌鹊南飞’，此非曹孟德之诗乎？”那么，我们有理由相信，前文苏子所诵“明月之诗”中有曹操《短歌行》的诗句，而不仅仅是教材注释中的《诗经·陈风·月出》。

《古文观止》在“此非曹孟德之诗乎？”一句后评曰：“先引昔所诵诗。”这是很有道理的。《短歌行》中还有“明明如月，何时可掇？”“绕树三匝，何枝可依？”等，作者虽然没有写出来，但不会想不到。那么，这是否透露出苏子内心的一些隐忧呢？王富仁先生认为《短歌行》“全诗以个人的孤独体验为本，以对人与人的友爱感情的渴望为主体，表达了自己的政治理想。这种政治理想也是人与人的感情关系上的，而不是干部政策上的”。这或许能给我们一些启示。而《诗经·陈风·月出》表现的是对月怀人，再联系苏子经历乌台诗案而被贬黄州的处境，我们应该读出此时苏子内心的孤独与落寞。因此，“饮酒乐甚”并非真的“乐甚”，其中是含有隐忧的。

三、主客矛盾：乐与悲

苏子之歌，乐中隐忧；客之箫声，一派悲凉。“苏子愀然”和“正襟危坐”，正说明了客之箫声与苏子所歌不相和。一句“何为其然也”则“生出后半篇文字”。历史上的赤壁之战，曹操大败，但作者却没有用“败”，而用了一个程度相对较轻的“困”字，为什么这样写？并且，不仅不写其败，不写战争之惨烈，却重点写其挥师南下的浩浩声势和横槊赋诗的万丈豪情。“舳舻千里，旌旗蔽空”从大处落笔，写其声势浩大；“酾酒临江，横槊赋诗”从小处着眼，写其英雄姿态。俱显示曹操之豪迈气概。而前文的“方其破荆州，下江陵，顺流而东也”读来颇有气势，“破、下、顺、东”四字写出了曹操所率军队势如破竹之声威，读来有一种痛快淋漓的美感。细细玩味“顺流而东也”，是否可以改为“顺流而东”，和后文的四字句形式一致？或改为“顺流东”，和前面的三字句形式一致？不可以！为什么？诵读比较一下，就可以体会出来。五字句比四字句、三字句读来要舒缓悠长一些，“东”字需重读，“而”“也”字，很好地把曹操打了胜仗后那种扬扬得意、信心满怀、不可一世、一往无前的状态表现了出来。并且，句式长短错落、整散结合，能使读者体会到情绪的变化，受到感染。这不仅没写其“败”，反而在写其“胜”了！这又是为何？这都是为了突出曹操是“一世之雄”！而攒足了力量写其“雄”，笔锋只一转——“而今安在哉？”情绪一下子由高山之巅跌入万丈深渊，形成巨大的落差，给人带来巨大的心理冲击！这不能不让人产生人生幻灭之感，进而思考生命的意义。这就水到渠成地引出后文“况吾与子渔樵于江渚之上……”的议论。《古文观止》对此评曰：“一段借曹公发端，其伤心却在下一段……”可谓明其笔法之妙。

在客的一段议论中，出现了三层对比。第一层是英雄生命之短和时间永恒的对比，“而今安在哉？”隐含着人生短促的悲哀。第二层是我们这些凡夫俗子和曹操这样的英雄豪杰的对比。为了突出自身之卑微渺小，作者铺排渲染，以“渔樵”表身份卑微，以“鱼虾”“麋鹿”衬托智识微渺，以“一叶扁舟”写无事业，以“匏樽相属”写无作为；而“况”字加强了这份自卑。第三层是生如蜉蝣、身如一粟的我们和永恒的大自然相比，是何等卑微渺小！三层对比，层层递进，生命的短促感、渺小感得到了强化，直接逼出“托遗响于悲风”的浩叹。

至此，我们发现，客之悲与苏子之乐既相矛盾又相联系。客之悲，发端于苏子之歌（隐忧），而深化于对生命短促渺小的感悟。而客之悲是否加深了苏子之隐忧呢？

四、短暂与永恒的矛盾：变与不变

面对客之悲，苏子不但没有同悲，反而从哲理的高度对客进行了一番劝解。

“盖将自其变者而观之，则天地曾不能以一瞬。”说得合理，世界的一切都在运动变化，没有什么是永恒的。“自其不变者而观之，则物与我皆无尽也。”细想想，这只不过是一种主观愿望罢了。

“逝者如斯夫，不舍昼夜”，流水不停地流，虽然眼前还是流水，但已不是刚才的流水，怎能说“而未尝往也”呢？“百川东到海，何时复西归？”“古来万事东流水”“奔流到海不复回”，逝去了就是逝去了。而月亮呢？“今人不见古时月，今月曾经照古人”，人有古今，月有古今。水与月只是相对永恒而已！再有，“物与我皆无尽也”，这里的“我”是个体之我，还是人类群体之我？显然，指人类群体之我比较合适。这似乎不能说服客，因为客所感到的是“哀吾生之须臾，羡长江之无穷”，群体之我的永恒，更显得个体之我渺小。但如果是个体之我，又怎能说是“无尽”呢？

其实，不要忘了作者议论的前提：“自其变者而观之”“自其不变者而观之”。他纠正了客看问题的眼光和比较的标准。客感到悲哀，是因为他看到了自然的不变，永恒而高大；看到了自己的变，短暂而渺小。如果同时用变化的眼光看待“我”和自然呢？哪一个都不会永恒。如果同时用不变的眼光看待“我”和自然呢？都可以永恒。

真的都可以永恒吗？我觉得从苏轼的道家思想或许可以得到解释。

苏轼曾言：“吾昔有见于中，口未能言，今见《庄子》，得吾心矣。”（《送安惇秀才失解西归》）《庄子》一书，主张人与自然合一，顺应自然，乐天知命，以获得自由；同时，继承老子学说而倡导相对主义，其齐物论思想，认为一切都是相对的，美丑、善恶、对错、苦乐没有绝对标准。

从天人合一的思想来看，人本来是大自然的一分子，应该用天人合一的思想来看待人和自然的关系。“大块载我以形，劳我以生，佚我以老，息我以死。”（《庄子·内篇·大宗师》）人的生老病死，是生命存在的不同方式，从天人合一的思想来看，人无所谓生，也无所谓死，来于自然，又归于自然。这样，不就是“无尽”的吗？

从齐物论的角度看，事物的大小，时间的长短，都是相对的。“天下莫大于秋豪之末，而泰山为小；莫寿于殇子，而彭祖为夭。天地与我并生，而万物与我为一。”（《庄子·内篇·齐物论》）“自其异者观之，肝胆楚越也；自其同者观之，万物皆一也。”（《庄子·内篇·德充福》）苏轼在《后杞菊赋并叙》中说：“人生一世，如屈伸肘。何者为贫，何者为富？何者为美，何者为陋？……”所谓贫困、富有、美艳、丑陋，只是相对而言。在《超然台记》中他说“彼游于物之内，而不游于物之外。物非有大小也，自其内而观之，未有不高且大者也。彼挟其高大以临我，则我常眩乱反复，如隙中之观斗，又焉知胜负之所在。是以美恶横生，而忧乐出焉，可不大哀乎！”可以看出，苏轼秉持这种相对的思想思考问题，不偏执于一端，故能超然洒脱。从这个角度来看，他所说的“变”和“不变”，也就容易理解了。

接下来，“且夫天地之间，物各有主，苟非吾之所有，虽一毫而莫取。”怎么又冒出这样一句貌似“克己”的话来呢？“且夫”二字，含有更进一层的意思，是从上文的哪个角度更进一层呢？是变的角度，还是不变的角度？似乎都是。从变的角度来看，既然人生那么短暂，“曾不能以一瞬”，就不值得为得失荣辱而烦恼；从不变的角度来看，既然我们都可以永恒、无尽，还羡慕长江之无穷做什么？还用得着斤斤计较于眼前的得失利害吗？还是尽情享受这清风明月吧。这表现出苏轼的超然与洒脱。同时，是不是也给人一种消极避世的感觉呢？

李泽厚先生在《苏轼的意义》一文中说：“苏一生并未退隐，也从未真正‘归田’，但他通过诗文所表达出来的那种人生空漠之感，却比前人任何口头上或事实上的‘退隐’‘归田’‘遁世’要更深刻更沉重。因为，苏轼诗文中所表达出来的‘退隐’心绪，已不只是对政治的退避，而是一种对社会的退避；它不是对政治杀戮的恐惧哀伤……而是对整个人生、世上的纷纷扰扰究竟有何目的和意义这个根本问题的怀疑、厌倦和企求解脱与舍弃。……这便成了一种无法解脱而又要求解脱的对整个人生的厌倦和感伤。”

李泽厚先生的观点非常深刻。“纵一苇之所如，凌万顷之茫然”“如遗世独立，羽化而登仙”“挟飞仙以遨游，抱明月而长终”，确实是超然物外，远离尘嚣。苏轼的其他诗文也有类似的表现：“世事一场大梦，人生几度秋凉？”（《西江月》）“古今如梦，何曾梦觉，但有旧欢新怨。”（《永遇乐》）“人生如梦，一尊还酹江月。”（《念奴娇·赤壁怀古》）“长恨此身非我有，何时忘却营营？”“小舟从此逝，江海寄馀生。”（《临江仙·夜归临皋》）

然而，我们还应该看到无论出于怎样的生活境地，被贬谪黄州也好，惠州也好，儋州也罢，苏轼都没有失掉对生活的热爱——

“雨洗东坡月色清，市人行尽野人行。莫嫌荦确坡头路，自爱铿然曳杖声。”（《东坡》）这“自爱铿然曳杖声”，和享受江上清风、山间明月不是异曲同工吗？

“莫听穿林打叶声，何妨吟啸且徐行。竹杖芒鞋轻胜马。谁怕？一蓑烟雨任平生。”（《定风波》）这正是苏轼贬谪黄州后，从精神困顿中走出来的真实写照。

“谁道人生无再少？门前流水尚能西！休将白发唱黄鸡。”（《浣溪沙·游蕲水清泉寺》）你看他多么积极乐观！

更不要说他酿酒、种竹、烹调、交游，等等，他对生活抱有多么浓烈的热情！可以说，佛道思想使苏轼于困境中获得自我精神救赎和超脱，而他并没有走向消极和沉沦。或者说，儒释道三种思想化合成他独特的人格，看似充满矛盾，实则通透平和。

罗曼罗兰说：“世界上只有一种英雄主义：看清这个世界，然后爱它。”还有人说：“以出世的精神努力做入世的事情。”苏轼大概就是这样的人吧！

本文作者：河北省辛集第三中学　李　超

开篇一句含万象

——解读《赤壁赋》的两个关键词

《赤壁赋》不仅是苏轼的代表作，也可以说是中国古代山水散文的巅峰之作。本文写景优美，抒情深沉，议论高妙，无一处不佳，无一处不妙。除了可以按段落层次来分析鉴赏，还可以借鉴北师大二附中李煜辉老师的分析方法，从文章第一句入手分析文本。

本文第一句是："壬戌之秋，七月既望，苏子与客泛舟游于赤壁之下。"

下面通过文中的"泛舟"和"既望"两个关键词来解读文本。

一、泛舟

舟，是一个充满着忧伤落寞但又饱含着希望和自救的意象。《易经·系辞》：“刳木为舟，剡木为楫，舟楫之利以济不通致远，以利天下，盖取诸涣。”哈师大中文系傅道彬教授认为：“在物质上舟楫之利是为了解决‘不通’和‘致远’的问题，而这样的意味很快转移到文化世界，舟成了一种文化象征符号。其文化意味，一方面是‘济不通’，即是‘济’，是超越阻隔，是征服；另一方面是‘致远’，是到达远方实现理想的雄心壮志。”

在这里我们很容易联想到文中苏轼的歌词“桂棹兮兰桨，击空明兮溯流光”。棹和桨最大的作用就是使船致远方，可是苏轼的前行路却是“溯”“空”，即实现雄心壮志的抱负落空。注意，泛舟，言外之意是有水，而水“在古代文化中水对于人类是一种阻隔一种拒绝一种关闭”。苏轼遭遇乌台诗案的脏水泼身而陷入政治的风波中，就要靠舟来自救，因为舟船本身意味着对水这种自然强力的挑战和突破。也就是说，苏轼实现不了去远方的雄心壮志，也不打算实现了。因为“泛”是无目的的，不经意的，无方向的。这也就意味着苏轼其实并不知道该怎样渡过此劫，但他知道的是，必须要渡过此劫。

诗人在苦闷的时候，喜欢借助舟船交通工具，中流泛舟，以舒缓淡化心中的忧伤。《赤壁赋》中苏轼“纵一苇之所如，凌万顷之茫然”，“纵”即说明苏轼漫无目的、任意东西而随缘自适的心态，但是这还是有一种积极的超越心态的。

“一苇”，应该是化用诗经《卫风·河广》中“谁谓河广，一苇杭之”一句。面对着滔滔河水，苏轼不是无可奈何的彻底消极绝望，而是“一苇杭之”的超越与征服。“凌万顷之茫然”，一个“凌”字，看出苏轼内心的傲岸和不屈，“万顷”，既是写江水之宽阔，亦是写这场灾难的深广。“茫然”，既是写江面的朦胧无边际，亦是写苏轼对自己的灾难看不到尽头，找不到出路的迷茫，和后面歌词中“渺渺兮予怀”相呼应。尽管如此，这个“舟”，依然有着苏轼自渡自救的追求。

此外，舟亦不同于船，它的逼仄狭小，总是让人容易感受到孤单落寞与凄凉。茫茫江面一孤舟，其实苏轼又何尝不是这只不知道该驶往何方的孤舟？正是承接上文才有了“浩浩乎如冯虚御风，而不知其所止；飘飘乎如遗世独立，羽化而登仙”。

“如冯虚御风”就是说自己像风中小船，已经远离了航线，远离了朝廷，没人管没人问，其实就是“黄州团练副使”是也。

“不知其所止”就是说明自己对自己的前途未卜，也不知自己的归宿到底在何方？其实就是与后面歌词中的“望美人兮天一方”相呼应。

“遗世独立”，看似是高洁傲岸，更多的是对自己孤独与落寞的自嘲。

“羽化登仙”，说的好听是逍遥得道，其实就是死亡。这表面看似逍遥快乐的背后，其实有着苏轼无限的隐忧。那么这里所蕴藏的一切忧愁，都要靠“舟”来帮他渡过。

苏轼自渡了吗？

文章第二次写道舟是“肴核既尽，杯盘狼藉，相与枕藉乎舟中，不知东方之既白”。这一处虽然写得看起来没有第一次美，但却是真的快乐逍遥，是实现了真正的自渡后的快乐洒脱的写照。

“肴核既尽，杯盘狼藉”，说明苏轼把东西全吃光了，而且杯盘凌乱，这种场景只有在高兴的时候才会出现。试想如若郁闷忧愁必定没有食欲，正所谓心情高兴，吃嘛嘛香，可见苏轼之开怀舒畅。“相与枕藉乎舟中”，“说明苏轼和客人相互依偎，融为一体。这种表面上的融合，其实暗含着心灵上的统一”也就是说苏轼最后成功说服了客人（其实就是说服了自己），由内心的矛盾痛苦实现了灵魂的超拔和解脱，把一切看透，化解了矛盾，实现与自己和解。“东方既白”，不只是指天亮了，更是指自己的人生前景充满了光明。苏轼虽然并没有真正走出现实的泥沼，但是他走出了心灵的泥沼。

为什么呢？上帝说要有光，便有了光。苏轼要有光，所以他的人生就有了亮。而且这个光亮，不仅拯救了苏轼，还拯救了以后上千年的文人心灵的痛苦。这光从哪里来的呢？

其实就是天空中的那轮皎洁的明月。

二、既望

泛舟月下是诗人的雅好，其秘密是月下乘舟能唤起无限诗情。傅道彬教授说“《前赤壁赋》之所以有动人的艺术魅力，正是因为‘船—月’这一抒情模式构成的美学意境。文章阔达悠远的艺术意境和宏阔深沉的生命哲思都是被月亮召唤出来的。船与月共同塑造了《前赤壁赋》的艺术灵魂。”为什么这么说呢？我们来看“既望”二字。

七月既望，是指农历七月十六。俗话说十五的月亮十六圆。此时失意被贬的苏轼，看到了天空中一轮皎洁的明月，柔和明朗的月光，给他疲惫的心灵以慰藉。月亮的阴晴圆缺，让他想到了生命的起起落落。月亮的永恒存在，让他思考到了人生的终极哲思。

大体来说，《赤壁赋》的月亮分为自然之月和哲思之月。自然之月，“月出于东山之上，徘徊于斗牛之间”营造了月下明朗柔和的氛围，让东坡的心灵得到了慰藉。月是抒情的主体意象，全文都笼罩在月光之下，是作者情思和哲理的生发点。

自然之月引发苏轼对月的联想，让他思考月的哲学启示。尤其是在赤壁之下，客人想到了英雄已被浪花淘尽，而明月却依然万古长存，难免不会发出“今人不见古时月，今月曾经照古人”之感慨。月亮永恒，而生命短暂，于是客人就发出了“抱明月而长终”的夙愿。可是这种愿望在现实中难以实现，更何况自己还比不过曹孟德，于是明月让客陷入了悲痛中。

苏轼的高明之处，就在于他的睿智圆通。月亮的皎洁宁静，让他内心清净光明，使他的内心洒满宁静澄碧、温润禅悦的月光。他马上开启了哲学思考模式，从另外一个角度看问题，依然把“月亮”作为说理对象，来说服客人。

“盈虚者如彼，而卒莫消长也。盖将自其变者而观之，天地曾不能以一瞬。自其不变者而观之，则物与我皆无尽也。”这个世界上一切事物都在变。“盈虚者如彼”，月亮也在变，今天的月亮还和昨天的一样吗？或者说今年的月亮还和去年的一样吗？很显然不一样。

我们所有人也都在变，由青年到老年，由生到死。可以说是“朝如青丝暮成雪”，这些变化让我们触目惊心。客人也正是看到了这个“变”才陷入悲痛。但是，苏轼不愧是有大心胸大境界的人。他能够从月亮“不变”的角度来思考问题，这是需要长远的眼光，容纳天地古今的宇宙情怀的。他想到“而卒莫消长也”，千百年来月亮虽有阴晴圆缺，但是从古至今，千年以降，月亮不还是那个月亮吗？它并无消长。也就是说虽有些许变化，但总体上还是那样。正所谓“人生代代无穷已，江月年年望相似”。以月亮来看人，其实我们又何尝不是这样呢？人生中的起伏荣辱，仕途的通达与乖蹇其实都如月亮盈虚的变化一般，千年以降，这些小小的起伏荣辱又算得了什么？

月亮可以长久存在，而如你我这等凡人可以千年不朽吗？在苏轼看来是可以的。“苏轼当时是意料到自己能不朽的，至少他的文章在当时已是天下闻名。”正如苏轼看曹操，其实曹操何曾湮灭无闻？今天看到赤壁，不依然谈论起了曹操吗？

苏轼也是如此，今天我们依然在谈论《赤壁赋》，苏轼又何曾湮灭呢？这难道不是人的“无尽”吗？你可能又会问，人生无常难为，又有几人能如曹操和苏轼一样，建立不世之功呢？不错，我们很难做到那样。但退一步讲，我们可以像《愚公移山》里的愚公一样，“子又生孙，孙又生子，子子孙孙无穷匮也”。把自己放到漫长的人类历史上，我们现在的自己其实只是其中一环，只是其中的一种存在方式，我们还可以以其他不同方式存在。那么这样来看，我们每个人岂不都是和“物”一样无穷吗？

苏轼的这种哲学思想不仅仅融合了道家的“齐物”思想，还包含了佛家的“有无空色”思想，甚至完全可以和现代科学中的“能量守恒定律”相提并论。不可谓不伟大。苏轼在“变”与“不变”的思辨中，更侧重了“不变”的角度，因此也就获得了无尽和永恒，也就解决了“哀吾生须臾”和“羡长江无穷”的矛盾痛苦。

接下来苏轼进一步借月亮来阐释。“惟江上之清风，与山间之明月，耳得之而为声，目遇之而成色，取之无禁，用之不竭，是造物者之无尽藏也，而吾与子之所共适。”苏轼虽然现在因言被贬，不能获取功业，但是却获得了大量的闲暇时间，这何尝不是一种“得”呢？苏轼在公元1079年写的《临皋闲题》中写道“江山风月，本无常主，闲者便是主人”。苏轼拥有了大量的江山明月，拥有了享受无限自然的机会，岂不是人生的大赢家？而且是“取之无禁，用之不竭”，“一个‘禁’字，也是对那些有意要陷害他，阻止他建立功业的小人的一种嘲讽”。看你这次还怎么阻止我！“不竭”二字，呼应上边的“无尽”。

苏轼在这里考虑的不是“取”与“不取”的问题，而是“取”什么的问题。人生依然要取，因为要生活就要获取。但是有些东西不必取，比如功名利禄，不要又能如何，不是照样活得挺好吗？况且我还拥有无边风月美景供我把玩欣赏，我的人生也是很富有的。如《临皋闲题》中又写道“闻范子丰新第园池，与此孰胜？所不如者，上无两税及助役钱耳”。由此可见，其实取功业还不如取风月，只不过比不上取功业劳碌罢了。哈哈，好一个苏东坡！这样就解决了建功立业的“固一世之雄”和闲散无名的“渔樵江渚”的痛苦矛盾了。

至此，苏轼借助月光的启示，实现了生命的超脱，完成了灵魂的涅槃，达成了自己与自己的和解。他也由那个惶惶焦虑的苏轼变成旷达洒脱的苏东坡了。

本文作者：黑龙江省伊春市第一中学　刘士友

从“赤壁”看苏东坡思想的复杂性

——前、后《赤壁赋》《念奴娇·赤壁怀古》比较解读

黄州之于苏轼是一个绕不过去的人生标点，苏轼在黄州写下一系列的作品，尤以前、后《赤壁赋》《念奴娇·赤壁怀古》著名。

苏轼仿佛对赤壁情有独钟。

其实此赤壁非彼赤壁也，苏轼所在的赤壁应是赤鼻矶。他几次游赤壁，或许是寻找心灵的寄托。赤壁在苏轼眼中已不是一个地理概念，而是一个情感的出口，借以浇胸中块垒。这三篇文章可以放在一起比较解读，一窥苏轼思想演进之历程。

一、江、月、酒、梦的意象群

苏轼爱喝酒，他本人亦是一名颇有创造性的酿酒师，每到一地都能因地制宜地用当地植物泡制佳酿。中国古代文人的“诗酒人生”在这几篇诗文中表现得非常突出，江、月、酒、梦就像一条红线贯穿诗文，体现了古诗文起、承、转、合的结构技巧，情感自成一脉。

《念奴娇·赤壁怀古》“大江东去，浪淘尽，千古风流人物”是“起”，由眼前壮阔之景引起对历史人物的联想。对“三国周郎赤壁”的一系列描写是“承”，接续想象，突出描绘周郎的年少得志、家庭美满，满含羡慕之情。“多情应笑我，早生华发”是“转”，与周瑜的对比表现自己的年老失意、家庭不幸，感情陡转，感慨叹息。“人生如梦，一尊还酹江月”是“合”，由大江引起跨越时空的想象，再由历史的雄壮回到现实的蹉跎。眺望眼前滚滚波涛，一言难尽，独对一轮明月，酾酒临江，就把愁苦与感伤寄于这滚滚江水、皎皎明月吧，借以祭奠那些逝去的英雄。感叹过后，举杯邀月，洒酒江中，雄壮豪迈，何等气魄！

《前赤壁赋》因酒而起，“苏子与客泛舟游于赤壁之下”“举酒属客，诵明月之诗，歌窈窕之章”。酒起兴发，江月交融，人与水天合一，竟分不清是人间还是仙境。又以酒承，“饮酒乐甚”之时，“扣舷而歌”，“其声呜呜然，如怨如慕，如泣如诉”，想到历史英雄化为尘埃，不禁悲从中来，“知不可乎骤得，托遗响于悲风”。借江与月而转，评说变化取舍之人生哲理，共适眼前自然万物之美景，心胸随之开阔。最后醉酒伴梦而合，“客喜而笑，洗盏更酌。肴核既尽，杯盘狼藉。相与枕藉乎舟中，不知东方之既白”。飘逸，洒脱，旷达！

《后赤壁赋》望月而起，“人影在地，仰见明月，顾而乐之，行歌相答”。问酒而承，“有客无酒，有酒无肴，月白风清，如此良夜何？”客曰“顾安所得酒乎？”妇曰“我有斗酒，藏之久矣，以待子不时之须”“携酒与鱼，复游于赤壁之下”。如此良夜，有贤妇备酒，闲客相伴，颇有《记承天寺夜游》和《湖心亭看雪》的诗意与适意。复游之时，江月之景转而变化，“江流有声，断岸千尺，山高月小，水落石出。曾日月之几何，而江山不可复识矣！”意境也转变得清冷幽深，加之攀岩履石，客不能从，“予亦悄然而悲”。最后“适有孤鹤，横江东来”“梦一道士，羽衣蹁跹”，在梦中与道士对话，借孤鹤与道士表达志趣，孤独之中又自超脱，亦真亦幻，合拢全篇，余韵缭绕，启迪情思。

江、月、酒、梦的意象群不仅是勾连文字串联情感的珍珠，当它们在同一时期同一地点被诗人集中选取时，体现的则是诗人特定的心态、情感模式与审美模式。苏轼在宋神宗元丰五年的黄州赤壁，接连写下前、后《赤壁赋》《念奴娇·赤壁怀古》脍炙人口的系列名篇，集中缀连了江、月、酒、梦，组成富有他浓厚个人特色的意象群。江与月是背景音乐，酒是前奏，江月引发诗兴，借酒倾吐了真情，既表现出旷达洒脱的一面，也流露出低落迂回的情绪，呈现出一个立体多面复杂生动的伟大诗人形象。

二、“变”与“不变”“取”与“不取”的人生态度

苏轼在《前赤壁赋》中借主客问答的形式（赋的传统形式，客可以看作苏轼的另一面，主客问答可理解为苏轼与自己的心灵对话），由江月引出重要的人生观点——“变与不变”“取与不取”的人生选择。苏轼在黄州时期的思想，

乃至他今后一生的哲学思想和人生观，都可以从苏子答客这一段中窥见端倪。

自然万物的“变”与“不变”可以推及人生的“变”与“不变”。从“变”的方面看，自然万物在生死消长，人生也一样。人生是短暂虚妄的，难以把握的，也有生死起落，这样看来，人生和宇宙万物是一样的，其生死起落便没有什么可哀叹的。从“不变”的方面来看，不管你在还是不在，自然万物都在那里，宇宙是永恒的，人生亦然，尽管形体已灭，但精神长存，就像曹操，英雄虽已逝，然而其功业声名却世代流传。“变”的是形体，“不变”的是精神，形可以灭，而神永存。在“变”与“不变”的关系中，“不变”是选择的重点。

“取”与“不取”的关系中，“不取”的是什么？“取”的又是什么呢？不是你的，莫要强求，“虽一丝一毫而莫取”。什么不是我的？仕途沉浮不由我把握，因此不是我的，“不取”的是仕途荣辱。什么是我的？我能“取”什么？眼前的山川美景，经历过便是拥有，自然美景，耳得为声，目遇成色，人生同理，那颗入世的初心是我永远保留的。所以“取”与“不取”的关系中，“取”是选择的重点。

联系苏轼一生，永远执着于内心，被贬归京后，仍直言政治之弊，以至于被一贬再贬，一次比一次远。他就是这样一个人，除非你把我贬得远远的，不让我说话，否则我就要把看到的民生疾苦与政治时弊说出来。宋史中他的传记和他的作品集有一半是奏疏内容，可见他为政的态度。

我用八个字概括苏轼的这种人生思想：悦纳万物，享受当下。不管人生给予他怎样的坎坷命运，他都带着欣赏、开阔、喜悦的心态去勇敢欣然接受；不管他的仕途起自哪里终自何方，他都去享受山水，享受文化，享受人生！正是有了这份心胸与哲思，“旷达”才成为苏轼的代名词！

《念奴娇·赤壁怀古》中，风流人物，浪淘而尽；人生如梦，须臾即逝，万物是“变”的。江山如画，永存于世；江水明月，千载如斯，自然界又是“不变”的。尽管自己早生华发，但仍然有感慕历史英雄的胸襟抱负，在饮酒赏月中实现了对人生挫折的超脱，“不取”的是人生的消极悲观，“取”的是对待生命的积极达观。

《后赤壁赋》中，“十月之望”“霜露既降，木叶尽脱”，“变”的是山月江景；“顾而乐之，行歌相答”“反而登舟，放乎中流，听其所止而休焉”，“不变”的是自由适意的生活态度。游览过程中，虽也有“悄然而悲，肃然而恐”，但最后巧遇孤鹤，梦遇道士，矛盾的心灵寻求解脱，“不取”的是悲观苦闷，“取”的是超脱希望。

三、儒释道思想的杂糅

儒释道是中国传统文化的思想精髓，对中国古代文人产生了重要而深远的影响。儒家讲究“入世”，认为人对于社会有不可推卸的责任，主张修身齐家治国平天下；佛家讲究“脱世”，认为人应站在超脱生和死亡的远高于人类的立场，主张摒弃执念、随缘自在、感悟人生；道家讲究“出世”，认为人应尊重自然规律，无为而治，主张淡泊名利，还原生命的本原状态、天人合一。

从《赤壁赋》里，我们可以明显看出苏轼的儒释道三家思想融于一文。

“桂棹兮兰桨，击空明兮溯流光；渺渺兮予怀，望美人兮天一方。”这是苏轼歌唱屈原的诗句。“美人”在中国古典诗文中常用来象征圣主贤臣或美好理想。这两句诗暗含苏轼像屈原一样，一心想报效朝廷却屡遭排斥、不受重用的苦闷情绪，这是儒家思想积极入世的表现。

苏轼笔下之秋景安宁、幽静、朦胧、飘逸，水天相接，与人相衬，仿佛仙境一般。江面平静、雾霭笼罩、月色茫茫、清辉流泛、友人相伴、饮酒而歌，此情此景，如置身于仙境，难怪苏轼发出“浩浩乎如冯虚御风，而不知其所止；飘飘乎如遗世独立，羽化而登仙”的感慨。这些寻仙访道的心迹流露，其实都是道家思想的表现。

苏轼从“水”与“月”中领悟到“变”与“不变”“取”与“不取”的人生选择，则是佛家思想的阐释，体现了天地一体、物我同源的思想，充满了禅意和智慧，表现出诗人对人生的大彻大悟。这种感悟人生、追求心灵脱世的思想正是佛家的追求。

《念奴娇·赤壁怀古》由“千古风流人物”想到周瑜，这是儒家思想的写照，有渴望建功立业之志；“人生如梦，一尊还酹江月”则倾向于道家思想，把生命寄托于眼前的山水之中，借此解脱尘世的烦恼。

《后赤壁赋》中，道家思想表现得则更为明显。文末遇孤鹤，梦道士，亦真亦幻，虚实相济。其中虚与幻的成分更大，苏轼借梦境婉曲地表达自己此时的隐逸思想，似乎说明内心对此既迷茫又充满希望。孤鹤高贵、优雅、寂寞、超凡脱俗，历来被视为道家的神物，苏轼借孤鹤这一意象表达了自己追求超脱世俗、自由适意的人生的思想。苏子——孤鹤——道士，暗示着苏轼在精神上已归向于高蹈世外的隐者。字里行间流露出的孤独与高贵、苦闷与超脱、迷茫与希望的精神矛盾则又似乎暗示着超脱的过程何其艰难。

从《前赤壁赋》到《后赤壁赋》，时间跨度为三个月，《前赤壁赋》《念奴娇·赤壁怀古》感情基调是豪迈旷达的，虽也有悲沉低落时刻，但他能寄情江月，以酒安慰，心情尚能解脱。

《后赤壁赋》的情感则耐人寻味，写景阴森陡峻，诗人攀爬峭壁，不畏艰险，后竟至无人相伴，以至于心中难免几分寂寞凄凉。由最初的儒释道杂糅，到后来的偏重道家思想，足见苏轼思想演进的复杂艰难，他一直在寻找灵魂的出口。苏轼的旷达是自身乐观性格、诗文给养、参禅悟道与坎坷经历造就的。

林语堂评价苏轼是天生的乐天派。他从陶渊明的诗歌中发现了人生的另一种选择，从而重新发现并推崇备至遗失在文学史里的陶渊明；他发扬光大了庄子《逍遥游》的境界，并使之成为一种文化生活的可能；与佛印法师共谈人生，让他站在高于人生本身的程度上看待个体生命；即便身处僻地却仍屡受攻击，让他更看清楚了人生的渺小与官场的无奈。所以他不是天生的旷达，他的思想也像普通人一样有乐观与悲观、积极与消极的起伏。只不过他比普通人高出一筹的是，他可以在诗文与自然中释放自己的苦闷，寻求解脱，并最终找到了一条解脱的道路。这样的苏东坡才是一个生动的人，一个真实的人，一个立体多面的人，一个对后世读者有启发有意义的人。

本文作者：陕西省延安市实验中学　刘　亚

12. 声声慢

李清照

寻寻觅觅，冷冷清清，凄凄惨惨戚戚。乍暖还寒时候，最难将息。三杯两盏淡酒，怎敌他、晚来风急？雁过也，正伤心，却是旧时相识。

满地黄花堆积，憔悴损，如今有谁堪摘？守着窗儿，独自怎生得黑？梧桐更兼细雨，到黄昏、点点滴滴。这次第，怎一个愁字了得！

爱得决绝，恨得无奈

中国古典的愁思，开在丁香花中，落在黄梅雨里。“一蓑烟雨任平生”，用尽平生感受词中爱恨情仇、真情实意；品词中穷且益坚、老当益壮；悟词中人情世故、人间冷暖。

易安词犹如浩瀚宇宙中的一颗璀璨的明珠，经久不衰，每每品之皆有所得，得而不明其理，便终日诚惶诚恐。审视《声声慢》之妙，我无法用语言表达其魅力，只好借助俞平伯先生之语，其在易安词中宛如块纯美的宝石，只见清澈，不见其衬露清明的颜色；只见精妙，不见雕琢精妙的痕迹。

一“寻”一“觅”，一“冷”一“清”，这悠悠情怀，莫名地怆然涕下，不能自已，《声声慢》在开篇就把读者带入深沉的情感之中。“寻寻觅觅”，易安在找什么？是“蹴罢秋千，起来慵整纤纤手”的惬意？还是“故乡何处是，忘了除非醉”中那妥协投降、苟且偷安的家国？是“兴尽晚归舟，误入藕花深处”的随心？还是“吹箫人去玉楼空，肠断与谁同倚？”中那“人间天上”永无相见的丈夫？“冷冷清清，凄凄惨惨戚戚”好个冷清，好个凄惨，好个戚戚。惬意已不在，随心已难寻，只余她清瘦的背景在彳亍，凄婉又迷茫。

李清照想要寻国还是寻家？想要寻人，抑或是与爱人穷尽一生收集的古董器物？眼前似乎一团迷雾，无法找到方向，备感冷清、凄惨，哀怨又彷徨的她，消了她的容颜，散了她的芬芳，只余丁香般的惆怅和无边的忧伤。

海明威曾把文学作品比作漂浮在大洋上的“冰山”，认为作者用语言文字表现出来的只是“露出水面的八分之一”，而隐藏在水下的部分则是“八分之七”。我们要借用这“八分之一”的内容去探索在“水下”的“八分之七”，去探寻其深层内涵。追溯那悲喜交加的女子的过往：少年，出身名门；青年，伉俪情深；中年，尝尽聚散得失。此时，国已破，何言其家！寻觅再寻觅，还是凄清的夜；冷清再冷清，仍是孤寂的魂。她还未开口，便已感到她的忧伤，听到她的倾诉。国破家亡欲何之？曲终人散奈何之？岂是这“凄凄惨惨戚戚”

所能言明的！

“乍暖还寒时候，最难将息。三杯两盏淡酒，怎敌他、晚来风急？”最难应付的或许是寒冷的天气，或许是内心的烦忧，一醉解千愁，可否？李清照转而写道酒淡，此刻人生寡淡，愁情浓重，“借酒消愁愁更愁”。就连天气都在与人作对，漫漫长夜本就难熬，急风紧促更添悲戚。

“雁过也，正伤心，却是旧时相识。”国破寓居江南，望见北雁南飞，昔日的家园、曾经的乐事自然浮现眼前，挥手道安，才发觉此刻只剩孤身一人，怀旧、悼念、悲苦之愁如何化得开，解得除。正切合了《在乎》这首歌所唱：天凉了，凉尽了天荒地老，人间的沧桑；爱哭了，这么难舍，心都空了，想放不能放；天亮了，照亮了泪光，泪干了枕边地彷徨。

“满地黄花堆积。憔悴损，如今有谁堪摘？”曾经的“绣面芙蓉一笑开，斜飞宝鸭衬香腮”，此时的“满地”“堆积”“憔悴损”，韶华易逝、悲花伤己，“物也非，人也非，事事非，往日不可追”。在今人眼中，李清照对赵明诚的爱被质疑、被猜测，这一切源于她再嫁。然而居无定所，日子要如何继续？此时张汝舟出现了，谁知遇人不淑，彬彬有礼只是过眼云烟，占有支配、拳脚相加才是其本来面目。李清照执意离婚，告夫欺君，赢了官司的她也锒铛入狱，幸好得到友人帮助，很快得以出狱。人到晚年，无儿无女，孑然一身。正是“风华是一指流沙，苍老是一段年华”。

“守着窗儿，独自怎生得黑？”古人称赞“黑”字“绝妙”，又说“‘黑’字不许第二人押。妇人有此词笔，殆间气也”。回忆过往，李清照与赵明诚虽恩爱，却聚少离多，夫亡后更是“茕独栖惶”，多少个黑夜，她孤单度过，一个“黑”字含蓄而准确地表达出其大半生所受的煎熬。

“梧桐更兼细雨，到黄昏、点点滴滴。”同是细雨，“好雨知时节，当春乃发生”，杜甫笔下的夜雨是润物细无声，而李清照笔下的夜雨却是撕心而沉重；同是离愁，“问君能有几多愁，恰似一江春水向东流”，李煜的愁思奔放而浓烈，而李清照的愁思细腻而绵长。个中滋味只有易安“冷暖自知”吧。

“点点滴滴”，既写秋雨微弱，又见雨声淅沥，视觉与听觉交织，给读者充分的感官体验。元人乔吉《天净沙》写道：“莺莺燕燕春春，花花柳柳真真。事事风风韵韵，娇娇嫩嫩，停停当当人人。”同是叠字，陆以湉在《冷庐杂识》中指出：“不若李之自然妥帖。”

“这次第，怎一个愁字了得！”有一种静默其实是蕴藏着的一种力量。结尾处词人直抒胸臆，全篇以“愁”终结，以无奈收束。刘体仁在《七颂堂随笔》评易安居士：“‘怎一个愁字了得’深妙稳雅，不落蒜酪，亦不落绝句，真此道本色当行第一人也。”人间的悲欢离合在易安的世界里纷纷上映，晚景以凄惨落幕，令人心酸，肝肠寸断，可谓满纸辛酸泪。

每一首词都是一朵花，艳丽而芳香，品起来，满心芬芳，她把它的心思藏着，像幽谧的香料，让后人去品味。品味李清照的诗词，就像目睹一场花期，它时而轰轰烈烈地绽放，如牡丹，分外妖娆；时而犹抱琵琶，如樱花，让人爱怜；时而执着而热情，如木棉，静静守望；时而美得不动声色，如菊花，暗香盈袖。唯有同性情的人才能品透，感其决绝的爱，思其无奈的恨。

本文作者：黑龙江省绥芬河市高级中学　于文卓

怎一个愁、人

清末沈曾植在《菌阁琐谈》中论易安词之影响：“自明以来，堕情者醉其芬馨，飞想者赏其神骏。易安有灵，后者当许为知己。”张端义极推崇李清照的这首《声声慢》，以为闺阁有此文笔，殆为间气（旧说为杰出人才，谓之间气）。世人也因“这次第，怎一个愁字了得！”而沉醉其中。

愁乃人的一种正常情绪，是人们遇到不好解决的问题时的一种心理状态，释义为：忧愁、忧虑、悲凉、悲哀。本字如此广义，为何这次还包容不下易安居士的情愫呢？究竟《声声慢》中蕴含了女词人怎样的“愁”呢？让我们回到词中一探究竟吧！

全词一开篇就“寻寻觅觅”，女词人在找什么呢？而不说寻觅，却叠用寻寻觅觅，可见寻得急，觅得切，心神不宁，坐立不安。这一动，动得震，动得惊，不得不让我们探寻她的曾经。

李清照出身书香门第，父亲为当时名士李格非，母亲也出自书香世家，从小受到良好的教育。少女时代的李清照有着"常记溪亭日暮，沉醉不知归路"的快乐自由，无忧无虑。后嫁与宰相之子赵明诚，为人妇的李清照"余性偶强记，每饭罢，坐归来堂烹茶，指堆积书史，言某事在某书某卷第几页第几行，以中否角胜负，为饮茶先后"。夫妻志趣相投，婚姻美满。即便是愁，也是"花自飘零水自流"的闲愁，也是"莫道不消魂，帘卷西风，人比黄花瘦"的甜蜜相思之愁。随着国家破败，朝廷南渡，李清照的生活开始了另一番景象：颠沛流离、丈夫病逝、金石被盗、重病缠身、遇人不淑、年迈孀居。可谓"少历繁华，中经丧乱，晚景凄凉"。而《声声慢》正是词人晚年之作。

那么，一位孤弱的老妇在急切地寻找什么呢？经历了这深重的苦难，什么让她如此眷恋不舍呢？也许是青春的美好，爱情的甜蜜，温暖的亲情，心爱的文物，总之，应该是那些逝去的美好吧！可是周围却冷冷清清，寻觅无果，心中更是清冷，浸透了整个生命的失落感不免让她倍觉"凄凄惨惨戚戚”。女词人由寻觅的动，到冷冷清清的境，直接道出了悲戚之情。这悲是美好永逝、现实无法改变的彻骨之悲。

心悲又逢天寒，内外皆冷，悲之至极啊！怎能调养身体，借酒暖身，借酒消愁吧！曾经“昨夜雨疏风骤，浓睡不消残酒”，借豪饮散闲愁，曾经“东篱把酒黄昏后，有暗香盈袖”，借把酒抒相思。可是今天这酒为何淡然无味？莫非心中之悲浓于口中之酒？无法化解心中之悲，又怎能敌过晚来的急风？可见悲之深之浓！凄冷急风，又何尝不加悲之浓深，可谓悲得令人窒息！

“雁过也，正伤心，却是旧时相识。”雁入秋天，由北向南，不禁使词人想起自己也是北人南渡，真是同为天涯沦落啊！大雁，你是书信的使者，可曾为我带来爱人的信笺？“云中谁寄锦书来，雁字回时，月满西楼”“征鸿过尽，万千心事难寄”。曾经与词人相识的大雁，今天却无半点爱人的音信，那曾经的亲情爱意，荡然无存，永远逝去，触景生情，物是人非，怎能不令人顿生心酸？酸乃悲痛，不但悲，还悲得痛，凄得惨，心中浸了更多的酸液苦汁。

“满地黄花堆积，憔悴损，如今有谁堪摘？”黄花因憔悴而损，满地堆积，那枯萎僵死的黄花是那么繁多厚重，谁还能去顾恋这样的黄花呢？曾因相思而自比黄花瘦，今日黄花凋零，人也孤病老矣，还能有什么寄托呢？以花自比，怎不叫词人对花自怜。花已颓，人已老，心已冷，这酸，无限绵延，无休无止！

“守着窗儿，独自怎生得黑？”守着窗儿，是想守住光亮，恐惧黑夜的到来。那悲，那酸，会随着黑暗的到来、孤寂的加重，而更加浓厚，积淀为痛。更何况“梧桐更兼细雨，到黄昏，点点滴滴”。细雨绵绵密密不间断地打在桐叶上，正如悲酸之痛时时刻刻地撞击着词人的心，凝结为一种沉痛。

这此情此景，怎一个愁字了得！那是美好永逝的悲、物是人非的酸、孤老绝望的痛！是生命希望的消散，是生命意义的顿逝！怎是“愁”能装得下、状得名的？我们每个人都会在某一时刻有这种散逝之感，但不可名状，难以诉说。是易安居士把这种抽象的情感与认知用文字表现出来，与我们共鸣，为我们抒怀！

《声声慢》中又给我们展现了怎样一位女词人呢？

鲁迅先生说“长歌当哭，势必在痛定之后”。一个人如果长时间地沉浸在悲痛感伤的激烈的情绪当中，他可能很难静下心来，叙写自己这种真实的情怀。那么《声声慢》中那个敢在寂寞中守着黄昏，敢用一份沉甸甸的“愁”实实在在地去印证那份情感的力量，去探寻生命意义的女词人，又是何等的勇敢呢？她用女性独有的细腻的心思与笔触，揭开自己的创伤，舔舐自己的痛苦，昭与世人，这是怎样的勇敢！这种勇敢一直都生长于她的内心，浸透于她的华词！

李清照的父母除了在文化教育和个性发展上对李清照言传身教，也为她创造了一个远比当时的一般女孩子更加宽松自由的教育环境，使她敢于出门醉游溪亭：《如梦令》“常记溪亭日暮，沉醉不知归路。”使她敢作嗅梅状而观来者：《点绛唇》“见客入来，袜刬金钗溜。和羞走，倚门回首，却把青梅嗅。”使她敢对心上人直吐痴情：《减字木兰花》“怕郎猜道，奴面不如花面好。云鬓斜簪，徒要教郎比并看。”使她敢对夫婿袒露相思之苦：《一剪梅》“一种相思，两处闲愁。此情无计可消除，才下眉头，却上心头。”这是对封建礼教的何等轻视啊！非勇敢者难为！

陈卓松在《李清照词自我形象的艺术特征及其意义》中指出：“那个以男性为中心的封建宗法社会里，妇女身份最低下，她们是没有权利写爱情欲望的，但李清照却敢于用自己的词作，展示出妇女真实的内心世界，极其难能可贵。”

《夏日绝句》“生当作人杰，死亦为鬼雄。至今思项羽，不肯过江东”，李清照用她金刚怒目的不平之鸣，展现了一代女词人卓然不群的政治见识，这是何等的巾帼不让须眉的勇敢！

再婚又离婚，又何尝不是追求自由追求自我的勇敢！

芳华落尽，人生孤苦，不消沉，不妥协，而能叩问内心，探寻人生，这种勇气无人能比！她勇敢地成了她那个时代女性的代言人！

作为一个女人，李清照何其勇敢！

作为一个词人，她又何其伟大！

本文作者：黑龙江省大庆市肇源县第三中学　刘艳萍

千年一叹易安愁

《声声慢》是李清照婉约词的代表作，短短几十个字，融进了她坎坷一生的情感，道尽了积压心中的千古情愁！

一、寻寻觅觅人恓惶——愁在失而不得

以动作“寻寻觅觅”起笔，有令人生疑之妙；“冷冷清清，凄凄惨惨戚戚”表明寻而未果，极度悲苦。寻找是因为失去，于是我们推想“她寻找什么呢？”“她丢失了什么？”叠词产生动作反复的效果，觉得人在左右徘徊，举止不定，精神散漫。对此，王富仁教授有很精辟的分析：“她在找，但又不知道自己找什么，说明她失去的不是某件具体物事，不是

物质的实利，不是可以明言的东西，而是一种精神的失落，一种生活意义的丧失。”以词人六十多岁的年龄，经历了国家的动荡、家庭的离散、战乱的纷争、生活的艰难……几十年的人生路程中，她丢失的太多太多！几十年积聚的愁苦，令她不堪其负！她只有不停地“寻寻觅觅”……

二、酒入愁肠难御寒——愁在美好青春不再

“三杯两盏淡酒，怎敌他，晚来风急？”一个“酒”字，勾起多少青春往事？曾经溪亭“沉醉不知归路”“误入藕花深处”；一场疏雨骤风后醒来，犹觉“浓睡不消残酒”。有了酒，才有这诸多故事，酒生闲情，酒助酣眠。

恍惚中，又走进那一方荷塘，又置身荡秋千的小院，又看见海棠树下落英缤纷……那美好的青春年华，是那样的令人流连忘返！

如今，物是人非，情断临安，亲朋离散，居无定所，喝酒的只有孤身一人。乍暖还寒时节，秋风砭骨，“三杯两盏淡酒”奈何拒寒？因为这寒并非外在，是心里结了冰，太厚重。

三、雁鸣黄花乱人心——愁在甜蜜爱情已逝

“雁过也，正伤心，却是旧时相识。”那一声雁鸣，那一堆黄花，怎能不让词人想起心爱的丈夫、美满的婚姻？

“云中谁寄锦书来？雁字回时，月满西楼。”伊人离别，闺阁相思，孤眠感枕席之凉，闲处望云中飞雁，那一缕甜蜜的忧愁啊！

《声声慢》中，孤雁的一声悲鸣划破天际，也划破了词人未愈的伤口，尤其让人不忍直视的“却是旧时相识！”

词人望雁自叹：你就是曾经为我们传书的信使啊，可怜如今我孤身一人，形影相吊，却是怕见故友啊！雁儿，你叫得这样凄凉幽怨，难道也像我一样，失去另一半了吗？也像我一样，余生要踽踽独行了吗？

“满地黄花堆积，憔悴损，如今有谁堪摘？”这时看见那些菊花，才发觉花儿也已憔悴不堪，落英满地，再无当年那种“东篱把酒黄昏后，有暗香盈袖”的雅致了。词人触景生情，由花及人，想到自己已是末日黄花，孤苦一人，有谁

来怜？不由感慨顿生，“如今有谁堪摘？”

那甜蜜的爱情，令世人堪羡的神仙眷侣，都去哪儿了？悲凉之处，雁鸣黄花缭乱人心，孤独之人，面对着孤雁残菊，备感凄凉。

四、孤身守窗味心殇——愁在痛失家国与文物

“窗”是家的组成部分，是承载温馨和柔情的地方，是游子寄托感情的地方，“何当共剪西窗烛，却话巴山夜雨时”“来日绮窗前，寒梅著花未？”“小轩窗，正梳妆”……

“守着窗儿，独自怎生得黑？”此刻，李清照的面前就有一扇窗，她对窗而坐，却心境迥异。透过窗，看到外面这个经历着凄风苦雨的院落，记忆中的画面影片般连起：高高荡起的秋千，枝繁叶茂的的海棠树……窗下，他们共迷金石，同醉诗文，烹茗煮酒，猜书斗茶，真的是佳人丽影共婵娟。

可是那温馨的家，几经迁徙，最终离散；朝廷偏安一隅，大宋江山，被金人掠去大半！

那收藏的文物，是他们一生的心血，丈夫临终嘱咐“舍命也不能丢”，她也倾尽全力要献给国家，无奈时运不济，

皇帝亦在逃亡之路上，可叹他们的宝物一次次焚于战火、葬于金兵的铁蹄之下！

多少亡国恨，多少丧夫痛，多少离乱苦，多少身世悲，尽在心头！

而今，窗内孤身一人独憔悴，窗外残破衰败一场空！只能每天守着一扇窗，等待一个永远回不来的人，守着一个永远不能团圆的家……

窗，成为埋葬美好的坟墓。

五、梧桐细雨愁无穷——愁在境地凄凉

“梧桐更兼细雨，到黄昏，点点滴滴。”这雨似曾相识，曾经，逃难路上，投宿馆舍，“伤心枕上三更雨，点滴霖霪”，听那雨打芭蕉到天明，打湿了心，也伤透了情。

雨打梧桐，不似春雨的轻柔，不似夏雨的急骤，就那么不紧不慢，滴滴答答，“一叶叶，一声声，空阶滴到明”，像词人满腹的心事，无休无止。王富仁教授对这种声音的分析更为细致：“梧桐、细雨赋予了‘点点滴滴’以特定的声感，细细的雨点落在肥厚的梧桐树叶上，繁密、清晰、单调，‘到

黄昏’不但写了周围环境的昏暗，同时也写出了细雨淋漓，雨声绵延，无休无止，点点滴滴已经单调、乏味地响了很长时间。这里的雨声描写，使我们能感受到作者内心那杂糅着烦乱情绪的寂寞心情，并且有一种无可奈何的意味。”

康震教授也说：“瓢泼大雨并不足以衬托内心的悲苦，写雨就要一滴一滴地写，一滴一滴地下，好像你的眼泪一样，滴到你的心里去……”寂静的夜晚，声音尤其响亮，一声一声，如响鼓重槌，寂寞的人，闻声而心动！词人以声衬情，“点点滴滴”一语，极富顿挫凄凉之感，令人想到，这雨不是落到地上，而是落到词人的心上。

酒、雁、黄花、窗、梧桐、细雨，词人借助有着深厚文化底蕴的意象，把抽象的情感形象化了。叠词的运用又使这种情感得到强化，使得这愁有形有体，可以触摸，可以感受。这愁，在李清照口中，就是一杯淡而无味的酒；这愁，在李清照耳中就是那一声惊心的雁鸣；这愁，在李清照眼中，就是那冰冷的窗、凋零的花；这愁，在李清照心中，恰似细雨打梧桐，绵长不绝。这愁重重叠叠、密密匝匝、萦萦绕绕交织成一个巨大的牢笼，将词人牢牢困住，迫使她发出痛苦的哀鸣：“这次第，怎一个愁字了得！”至此无须含蓄，不必遮掩，满腔情感喷薄而出，词人倾尽全力向天地呼喊！

全词没写一滴泪，然而给人的感觉却是一字一泪、力透纸背！

一曲《声声慢》，唱尽李清照心中的爱恨情仇、辛酸血泪，读来荡气回肠、夺人魂魄！词中那个立于秋风黄花中的寻寻觅觅的美神，成为绝代芳华，映照千古！

本文作者：山东省博兴县教学研究室　殷玉莲